なぜ星付きシェフの僕がサイゼリヤでバイトするのか？

レストラン ラッセ オーナーシェフ
村山太一

偏差値37のバカが見つけた必勝法

飛鳥新社

はじめに

はじめまして、村山太一と申します。

僕は東京の目黒で「ラッセ」というイタリアンレストランを経営している料理人です。

店を開業する前は、伝説のイタリア料理店「ダル・ペスカトーレ」で修業していました。イタリア国内で最長の26年間三ツ星を保ち続ける、世界最高峰のレストランです。

そのレストランで僕は、ファミリーを除いたトップの副料理長に日本人で初めて就任しました。また、史上初のシェフ代理として、オーナーシェフの不在時に1週間ほど店を任されました。

たとえるなら、日本人の僕がサッカーのイタリア代表にいきなり選ばれて、毎日ワールドカップの決勝戦を戦うようなものです。本当に刺激的な日々を過ごしました。

その後2011年に帰国し、今の店をオープン。半年でミシュランの一ツ星を獲得して以来、9年間にわたり星を保ち続けています。

はたから見れば成功しているように見えたかもしれませんが、実際は長時間労働が常態化し、人間関係は最悪。経営もギリギリでした。

スタッフは幸せじゃないし、僕も幸せじゃない。

このままではまずい。

そう思って、**サイゼリヤでバイトして学んだら、人時生産性（従業員1人の時間当たり生産性）が約3・7倍になり、劇的に経営を改善できたんです。**その結果が、こちらです。

・スタッフ1人当たりの年間売上850万円↓1850万円（約2・2倍）

・経常利益率　8％アップ

・労働時間　16時間（8時～24時半、休憩30分）↓9時間半（10時半～22時、休憩2時間）（約4割減）

・従業員数　9人↓4人（効率化により少人数で店を回せるようになった）

生産性がどんどん上がっていくと、ストレスもなくなっていくので、スタッフ同士も仲良しになりました。僕も、みんなも、どんどん幸せになっていったんです。

1人当たり売上（1年間）

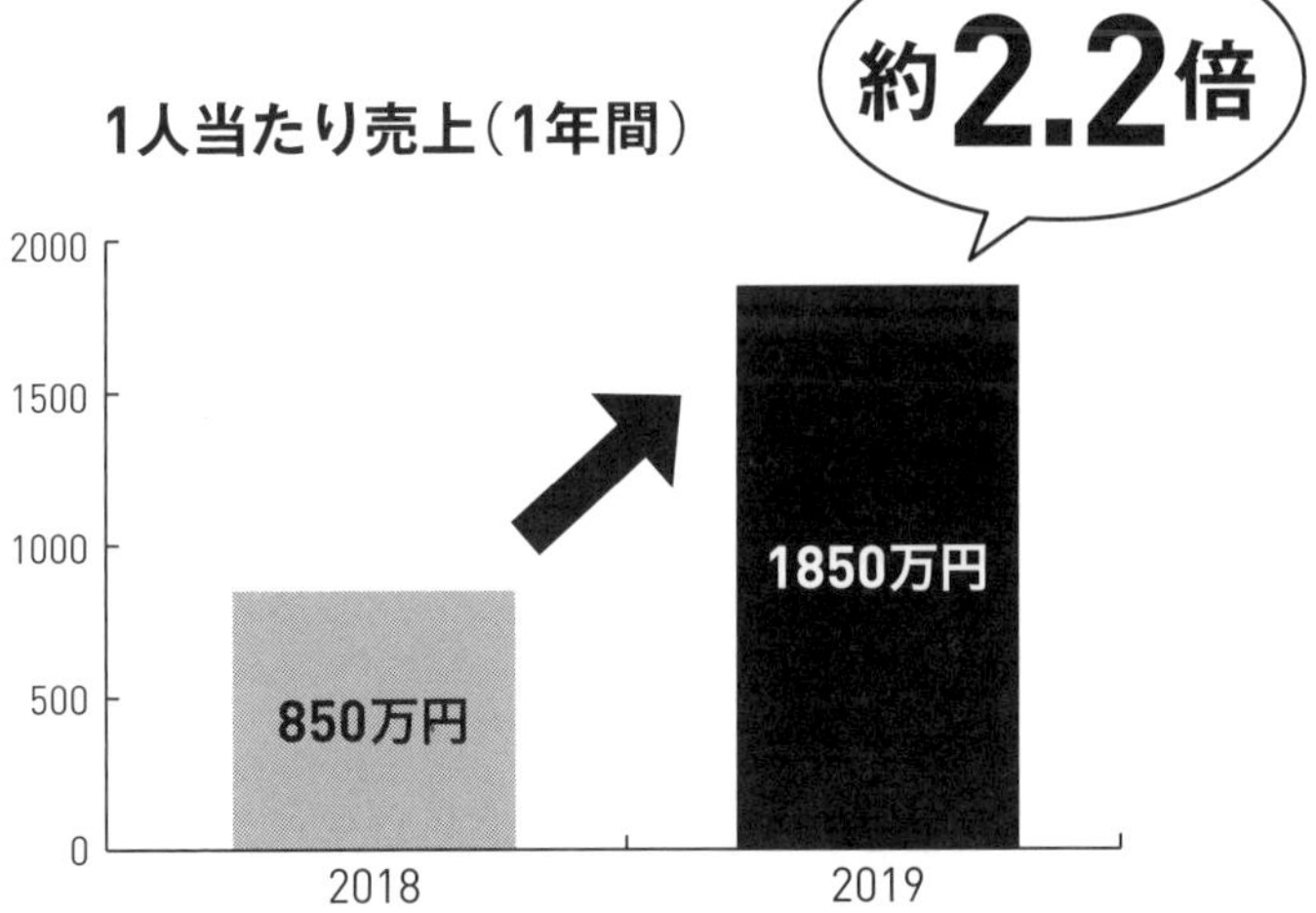

1人当たり労働時間（1日）

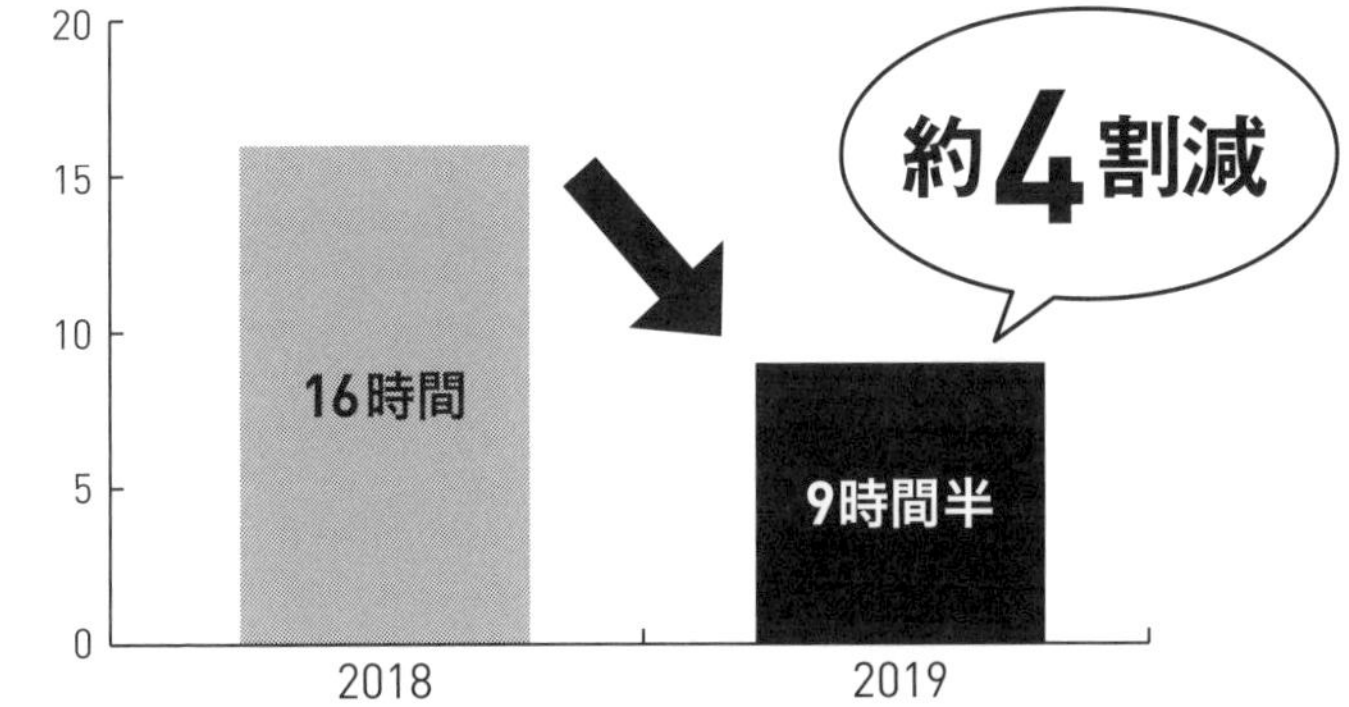

人時生産性が約3.7倍!

※2.18÷0.59≒3.7　※1年間の営業日数は同じ

その後、さらなる危機が訪れました。

この原稿を書いている2020年7月現在、新型コロナウイルスが世界中で蔓延し、困難な時代が続いています。

今回の危機で、多くのレストランは大打撃を受けました。

特にキツかったのは、3～5月の3カ月間。多くの店は自粛や時短で売上が立たず、資金がものすごいスピードで底をついていきました。

名店と言われる星付きレストランでさえも、バタバタと閉鎖に追い込まれていったんです。


僕はいつも、スタッフを幸せにすることを考えています。

絶対に倒産させてはいけない。赤字にするわけにはいかなかったんです。

そのことだけを考えて、僕は無我夢中で動き続けました。

もちろん、スタッフの命を第一に優先しながらです。

そうしたら、3〜5月が黒字だったんです。

「飲食業界の奇跡だ」とまで言われました。

コロナ禍で黒字を達成できたのは、僕が原理原則を守っていたからだと思っています。

この原理原則に沿っていれば、どんな困難な時代でも必ず生き残れます。

あなただけの幸せを築き、守っていくことができます。


イタリア最高峰のレストランでキッチンを任せてもらえたのも、帰国後にオープンしたレストランがミシュランの星を9年連続で保ち続けているのも、そのレストランの経営改善を続けて黒字体質になってきたのも、僕が毎日楽しく幸せに生きているのも、そしてこの本を出して皆さんと出会えたのも、僕が原理原則を守り続けてきたからなんです。

その原理原則とは、「より良い方向に変化し続ける」ということ。

当たり前のことではありますが、これ、できていない人が多いんです。


では、具体的にどうすればいいのか？

今回、本を出せることになって、僕は今までやってきたことを振り返ってみました。

それを法則化してみて、気づいたんです。

「これ、必勝法じゃん！」

僕の知っている成功者も、やっていることばかりでした。

その必勝法とは「落とし穴に落ちない」で「最短で成長する」というものです。

具体的には、この2つです。

・サバンナ思考…「危機感×気づき×即行動」のサイクルを高速で回す危機回避術。
・マヨネーズ理論…一流や世界一のやり方をマネして丸パクリするショートカット術。

ネーミングが意味わからないかもしれませんが（笑）、それはこの先をお読みいただければと思います。この2つを使いこなせれば、もう最強です。

この2つの必勝法は、全てバカの強みを生かしていくものです。

ちなみに僕がどれくらいバカだったかというと、高校の成績はビリから2番目で、偏差値は37！　学校の宿題はいっさいしませんでした。

好きなことに時間を使うと決めていたので、高校を卒業できたのは奇跡です。

バカって決して恥ずかしいことではないと思うんです。
むしろ、吹っ切れちゃえば強みですらあります。
この本に書いてあることを一つでも実践して、上手にバカな部分を使えるようになると、とても生きやすくなるのではないかなとも思います。

僕がお伝えする方法はとてもパワフルなものですが、そこそこ仕事をして幸せに生きていきたい人にも、ぜひ読んでいただきたいと思います。
この本の通りに行動すれば、生産性が上がってプライベートでもゆっくりできるようになるでしょう。そんなあなたの笑顔が増えたらうれしいです。

この本がきっかけとなり、皆さんが少しでも幸せになれれば、著者としてこれ以上の喜びはありません。

村山太一

もくじ

なぜ星付きシェフの僕がサイゼリヤでバイトするのか？
偏差値37のバカが見つけた必勝法

第1章

超速で行動するサバンナ思考

第2章 超速で成長するマヨネーズ理論

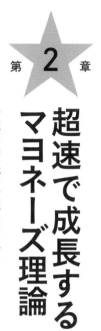

第3章 MBAより成長する休日バイト

第4章 幸せでフラットなチームが最強

第5章

読書は最強のサバイバルツール

第6章 いつの時代も夢をかなえるのはバカ

第1章

超速で行動するサバンナ思考

ライオンに食われるな

僕がサイゼリヤでバイトをしようと決めたのは、強烈な危機感からです。

といっても、店の売上が落ちて、バイトで運転資金を稼がなければならなくなったわけじゃありません。

いつの間にか目的を見失い、スタッフも次々に辞めていき、このままじゃ店が倒産してしまうという危機感に襲われたからです。

僕は子供のころから常に危機感を持っていました。

テレビの「野生の王国」のような番組で、サバンナでライオンがシマウマを追っかけて、かぶりついて腹を引き裂いているシーンを観ると、自分がシマウマになった気分でした。

保育園のころ、僕は家で内職の手伝いをしていました。夕飯を食べた後に、家族4人で2時間くらい作業して稼げるのは、だいたい4千円から6千円くらい。

一方で裕福な友達もいて、当時珍しい三階建ての家に住み、ファミコンやプラモデルをたくさん買ってもらっているのを見ていつも羨ましく思っていました。

生まれながらのお金持ちもいれば、貧乏人もいる。そのころから、世の中は平等ではなく、強者と弱者がいるのだと、ぼんやりとわかっていたのかもしれません。

僕は弱者で追いかけられるほうです。自分の腹が引き裂かれるかもしれない。逃げなければならない、生き残らねばならない。そう突きつけられたとき、僕は強烈な生命力がみなぎってくるのを感じていました。

コロナ危機や大震災が示したように、平穏な日常というのは簡単に崩れ去ってしまうものです。生きていれば、誰でもさまざまな危機に見舞われます。

社会人であれば、会社が倒産することもあるし、解雇されることもあるでしょう。

地震や台風などの天災に不況、病気やケガ……、そして今回は感染症も加わりました。

僕もいろんな危険な目にあってきましたが、危機感を気づきと行動に変え、より良い方向へ変化し続けることで乗り切ってきました。

最初に入った高級中華チェーン店がぬるくて、すぐに逃げ出したのも、「このままじゃヤバい！」という危機感から。

若いころに京都の一流料亭で厳しい指導に耐え抜いたのも、イタリアで言葉がわからなくても必死で修業についていったのも危機感からです。

そこは、できない奴はすぐに淘汰される世界。料理人という職人にとって生きるか死ぬかの問題です。

だから僕は、超速で成長するしかありませんでした。

そうやって、常に食われるかもしれないと思いながら突っ走ってきたんです。


僕は、これから世界はますます厳しい状況になっていくと感じています。

今回の新型コロナウイルスで、僕の周りでもいくつものレストランがつぶれました。ミシュランの星付きのレストランでも、スタッフを雇い続けられなくなって半分解雇した店もあります。

ラッセだって、自粛が解除されてから客足が戻ったわけではありません。元々のメインの客層である中高年層はコロナウイルスで重症化しやすいと言われているので、やはり以前のように出歩けなくなっているようです。

僕が尊敬している有名な投資家のウォーレン・バフェットは、アメリカの航空株を全て売却したと話題になりました。日本の航空業界だって数百億円の赤字になっています。もうこれからは、「どの業界が生き残るか」なんて予測できません。スーパーやウーバーイーツのように需要が爆発的に増えた業種もあれば、需要がなくなった業種もある。

日本では正社員の雇用は法律で守られてきましたが、正社員の比率はコロナ前からどんどん減ってるし、正社員をクビにできる法案を通そうとする動きもあります。

これからは高速で人がふるい落とされていきます。そんな中で生き残っていくには、小さな市場でいいから自分にしかできない世界をつくって、誰にも真似できない強みを持たなければならない。

何でもいいから自分にしかできないことを見つけて、バカになって真っ先に第一歩を踏み出さなければなりません。

思いついたら即行動。それも全速力で走らないとライオンに食べられてしまいます。

たとえバカや変人と言われても気にしない。むしろ変人にならないと、サバンナでは生き残っていけません。

ネガティブ思考が一番すごい

「このままじゃヤバい！」という危機感を持ち続けて、一つでも多くのことに気づき、すぐに行動する。僕はこの危機回避術を「サバンナ思考」と呼んでいます。

公式っぽく表すと、こんな感じです。

サバンナ思考＝危機感×気づき×即行動

基本的には、ネガティブ思考です。

ポジティブにベストやベターを目指していくのではなくて、最悪のことを回避していくことを考えます。

夢や目標を掲げて突き進むのも素晴らしいですが、落とし穴に落ちてしまっては意味がありません。**むしろ、落とし穴に落ちないことが全てです。**

それに、危険を回避することを突き詰めていった結果、夢や目標がかなっていたりします。むしろそのほうが近道かもしれません。

繊細過ぎるとか、心配性だと思いますか？

でも、僕の尊敬する本田宗一郎も、松下幸之助も、ウォーレン・バフェットも、トップになった人はみんな繊細な心配性です。

僕たちはもっと繊細になったほうがいいのかもしれません。

ここで、僕のサバンナ思考について説明したいと思います。

ステップ① 強烈な危機感を持つ

あなたが最も避けたい、最悪の結末って何でしょうか？

一番守りたいものは、何ですか？

僕のいる飲食業界は、レッドオーシャンと呼ばれる競争の激しい業界です。

最も避けたいのは倒産です。レストランを守らなければならない。スタッフを守らなければならない。

幸せな日常を守らなければならない。

今の僕はそればかり考えています。

そのためには、よりたくさんのことに気づいて、即座に行動を起こしていかなければなりません。

しかし、危機感がないと気づきも生まれませんし、行動に移すこともできません。

その意味において、危機感を持つことは大前提だと思います。まだ起こっていない危機に対して、どこまでリアリティを感じられるかがポイントです。

ステップ② 一つでも多く気づく

「あれがこうなったらヤバい……」

「そうならないために、これをしたらいいかもしれない」

危機感があるので、自然とこんな気づきが生まれてきます。

最悪を避けるためにどうするべきか、一つでも多く気づいて、ネガティブな要因をどんどんつぶしていきます。

そのためには、右へならえではダメです。誰かに忖度していてはダメなんです。

変化が起こった瞬間に、いかに先手を打てるか？

もっと言えば、起こる前から回避できるか？

この2つは常に考えています。チャンスはモノにしなければなりませんし、ピンチもチャンスに変えなければなりません。

ステップ③　一秒でも早く行動する

世界一になった人は、行動のスピードや努力の量がずば抜けている人ばかり。今この瞬間に動いちゃう人が多いんです。

もちろん外れることもありますが、失敗は織り込み済みなので何とも思いません。**それより直感や情報に基づいた行動をしないほうが、変化の激しい今の時代はリスクが高いと思っています。**

気づいたことをメモする、誰かに言う、グーグルで調べる……そんな小さな行動でもかまいません。気づきを大切にして、必ず何らかの行動に結びつけるようにしてください。

最大のコツは、楽しむことです。

サバンナ思考は基本的にネガティブですが、だからといって恐怖におびえて、おっかなびっくり生きているわけではありません。

身を固めて萎縮したり、殻に閉じこもる必要はないんです。あまり怖がると、見たくないものを見ないようになり、及び腰になってしまいます。

気づきと行動を積み重ねていくと、どんどん楽しくなってきます。困難な時代だからこそ、ゲーム感覚でサバンナ思考を楽しんでください。

僕も本当は、ぼやーっとしながら楽しく生きたいだけなんです。

自分のやりたいことができなくなるのが嫌なんです。自分の人生を豊かにしていきたいだけなんです。

食う側のライオンになろうなんて思っていません。ただ、生き残る側にまわることだけ考えています。厳しい世界だからこそ、みんなで幸せになりたいんです。

ぜんぶサイゼリヤに教えてもらおう

世の中には、僕のようなバカと、秀才がいます。

もし、このとき僕が秀才だったら、サイゼリヤじゃなくて二ツ星か三ツ星レストランにバイトに行ったかもしれません。一流から学ぶほうが早く星を増やせそうだし、周りからも「星を獲ってるのに修業に行くなんて、すごいですね」と尊敬されそうです。

なのに、僕が選んだのは街のファミレスの代表格のサイゼリヤ。星持ちの秀才シェフだったら、プライドがジャマしてこんな選択は普通できません。

サイゼリヤを選んだのは、本当にシンプルな理由です。

今、僕のレストランは生産性という課題を抱えている。

サイゼリヤは、すでにこの課題をクリアしている。しかも同じイタリアンで世界一だ。

ぜんぶサイゼリヤに教えてもらおう!

自分でウンウン思い悩んで、チマチマ経営改善するなんて、時間のムダでしかありません。すでにうまくいっている所に飛び込んでいくのが、手っ取り早いのは明らかです。

堂々とショートカットしてしまいましょう。というわけで、僕はアルバイトとしてサイゼリヤに飛び込みました。

僕の店はチェーン店ではないけど、結局、チェーン店の経営の手法や生産性を高める仕組みを知らないことには、現状を打破できないと思いました。いつの間にか「ミシュラン思考」になっていたのを、リセットしなければならなかったのです。

そこで、僕は店休日や休憩時間にサイゼリヤでバイトしてみることにしました。

応募は普通に、WEBサイトから。自宅に近い店舗を選び、面接では経歴や志望動機など、全て包み隠さず伝えました。そして、見事採用。普通なら、経営のノウハウを盗みに行くスパイのようなものだから拒否されてもおかしくないのに、サイゼリヤは温かく迎え入れてくれました。

自分の頭で考えずに、右へならえで動くほうが、ずっと楽です。

「上司に言われたから」「予算が決まってるから」「業界での慣習だから」

そんな風に、思考停止ポイントはたくさんあります。そこでとどまっていても、誰も責めはしません。100％うまくいく保証なんてないんだから、何もしないほうが安全です。

むしろ、とどまってるほうが褒められるかもしれない。

でも、それは他人が決めたことに従ってるだけじゃないですか？

その壁は、バカにならないと乗り越えられないんです。

ウェイト&ストップ思考のワナ

サバンナ思考の最大の敵は、何か?

それは思考停止して、変化しなくなることです。僕は少しカッコよく、「ウェイト&ストップ思考」と言っています。

実は僕も3年前ぐらいまで、このウェイト&ストップ思考の罠にはまっていました。「飲食店って普通こうだろ?」「星付きレストランってこういうものだろ?」業界の常識や有名店での修業中に見てきたやり方を疑わず、そのままラッセでもやってきたんです。その結果は、もうひどいものでした。長時間労働で低賃金でも「それが当たり前だろ?」と思考停止して、スタッフを酷使していました。

このウェイト&ストップ思考は厄介で、知らず知らずに自分を支配しています。「普通、そういうもんでしょ?」「常識でしょ?」と言い始めたら相当キテます。

僕らは子供のころからずっと、「変わったことをするな」「ルールに従え」という教育を受けてきました。それがウェイト&ストップ思考の基礎を築いてしまったのです。

好きなことや得意なことを伸ばすんじゃなく、欠点をなくすのが、日本の教育です。「個性を伸ばす」と言いつつ、普通の人とちょっと違うと「空気を読め」とか「オタク」と言われて、落ちこぼれ扱いされます。

この教育は、組織の中で働く従順な労働者をつくるのには、うまく機能します。でも、サバンナでは真っ先に食べられてしまうでしょう。

僕がそれを痛感したのは、就職した高級中華チェーン店に入ったときでした。先輩に「缶詰のうずらの卵をこう盛り付けなさい」と言われました。

それは僕の求めている一流の料理ではありませんでした。指示した先輩は、何の疑いも持っていません。そう教わってきたのでそう教えただけでした。

そんなやり方だと、料理の世界で生き残っていけないと僕は感じていたんです。

もちろん、会社では人から言われた仕事をこなすのが大半です。新規事業の提案や新製品を開発するにしても、会社で決められた枠の中でしないといけないでしょう。

一定の枠組みやルール、ルーティンがあるのは仕方ないにしても、サバンナ思考でいくにはその理由を常に考えることです。

例えば、パスタはアルデンテが一番おいしく食べられます。

そこで、先輩から「アルデンテの一歩手前でお客様に出して」と指示されて、何も考えずに言われたとおりにするのならウェイト&ストップ思考に陥っています。

「なぜ？」を考えてお客様を観察すれば、おしゃべりしながらゆっくり食べているのがわかるかもしれません。パスタはゆで上げた瞬間から、ソースの水分を吸い続けています。だからアルデンテの一歩手前で出すのが一番おいしく食べられるのだと理由がわかり、納得したらその作業に自主性が生まれます。


僕は偏差値37のバカですが、何も考えてないわけじゃありません。

クヨクヨ悩むということはなく、必要な問題点に関してだけ優先順位をつけて考え続けてる感じです。

コロナでステイホームと言われるようになってから、ラッセは店内営業だけではやっていけないので、テイクアウトも始めました。

そうすると当然、混乱が起きます。最初は店内伝票とテイクアウト伝票がごっちゃになってキッチンの棚に貼られていたのですが、それだと「あれ？　これは容器に詰めるんだっけ」と手が止まってしまう。そこでテイクアウトとレストラン営業の伝票を分けて左から右に貼っていくと、まごつかずに作業ができました。

そんな小さな動作でも、僕はいつもベストを考え抜きます。でも、そのときに手を止めたり、歩みを止めて悩むことはめったにありません。クヨクヨ悩み続けていると料理が冷めるし、ウェイト&ストップ思考に陥りやすくなります。

すでにウェイト&ストップ思考になっている人は、まずは作業の理由を一つ一つ考えるところからスタートしたらいいんじゃないでしょうか。

上司に報告書を出すように求められたなら、そもそもなぜ報告書を出さなきゃいけないのかを考えてみる。「上司は全ての部下に目を配れないから、文書で読みたいんだ」と気づいたら、長文をタラタラ書くのは時間のムダだとわかります。簡潔にまとめれば作成する時間もかからないので、すぐに作業を終えられます。

そうやって走りながら「なぜ？」を考え続けるんです。日ごろから考えるクセをつけておけば、盲目的に従う思考から抜け出せます。

思考停止から抜け出す3つの問い

ウェイト&ストップ思考の最大の原因は、固定観念です。

ちょっと考えてみてほしいことがあります。

朝になったら起きて、時間になったから出勤する。会社に着いたら仕事をして、終わったら飲みに行く。家に着いたら風呂に入り、寝る。

教わった通りに仕事をして、教わった通りに後輩に仕事を教える。

これ、普通にやっていることですよね。でも、

「本当に、それであなたは幸せになれますか?」

「本当に、みんなは幸せになれますか?」

「本当に、稼ぐことができますか?」

この3つの問いをすることで、ウェイト&ストップ思考から抜け出せます。自分の頭で考えることができて、謙虚に人の話も聞けるようになります。

当たり前と思っていることを、そのままやっているだけでは進歩がありません。3つの問いをしたうえで、YESと答えられるなら、そのまま続けてもいいんです。でも、答えがNOだったら、何か行動や変化を起こすべきかもしれません。

結局、人間って自分にとって都合のいいことばかり考えちゃうんです。

だから、危機感を覆い隠して、なかったことにしてしまう。物事の本質が考えられなくなってしまうんです。

僕たちは、知らず知らず、世の中のルールや仕組みに組み込まれて生きています。

飲食業界で多大な影響力を持つ、ミシュランガイドもその一つ。

ラッセも9年間一ツ星の評価をいただき、恩恵にあずかってきました。

ミシュランは、100年以上前に世界初のレストランの格付けガイドブックを出版して、グルメ界に一種のピラミッドをつくりました。三ツ星を頂点に、二ツ星、一ツ星、ビブグルマン(星はないけれどもガイドブックには載るレストラン)というピラミッド構造を世に提示し、受け入れられ、いまだに最も権威が高く信頼のおける格付けだとみなされています。星付きレストランには、お客様がどんどん集まってきます。

一方で、どんなにおいしい料理をつくっていても、ミシュランの目に留まり評価されるとは限りません。一度星を獲ったら、星を落とすのが怖くて必死で店のレベルを保とうとします。そのため、長時間労働が常態化してスタッフは疲弊。コストがかかりすぎて、廃業しなければならないレストランがあったほどです。

僕の心も、以前はミシュランの星の数に縛られていました。

ミシュランから評価を受けるのは本当に励みになり嬉しいのですが、星の数を増やすことが最優先になってしまっていたんです。

しかし僕自身が疲弊し、「このままじゃヤバい！」という危機感を持つようになると、僕なりのレストランの価値観をつくり上げていく方向に切り替えました。もちろん、味のクオリティを上げる努力は続けながらです。

そうすることでミシュランの価値と共存し、依存心をなくしていくことができました。

あのままだったら、遅かれ早かれ店も自分も疲弊してつぶれていたでしょう。

世の中の仕組みやルールから自由になれると、自分にとって本当に大切な価値が見えてくるようになります。

さらに、大きな変化が起こりました。

新型コロナの蔓延によって人の行き来が止まり、レストランとお客様をガイドブックで結ぶという仕組み自体が揺らいできています。レストランそのものの価値の根底が、覆されつつあるんです。

レストランもミシュランも、想いは一緒なんです。それは、食で人を幸せにすること。飲食業界が直面している困難に、ともに立ち向かっていかなければならないんです。

雪山にいるような強烈な危機感を持て

危機感を一つでも多くの気づきに変えていくには、とにかく周りを観察することです。スタッフやお客様の様子や表情、動きなど、目に入ってくるさまざまな情報を、頭を空っぽにして見ていきます。自分を消していくようなイメージです。

自分を消せるほど、固定観念に左右されずに気づきを得ることができます。

僕が勝手に理想としているのは、登山家の竹内洋岳さんです。

地球上には、世界最高峰のエヴェレスト（8848m）を筆頭に、標高8000mを超える山は全14座あり、14座の完全登頂者を「14サミッター」と呼びます。竹内さんは日本人初で唯一の14サミッターです。

竹内さんは雪山に行って、五感をフルに働かせて足を踏み込んで「ん？」と違和感を覚えたらその瞬間に、頂上を目指していても帰ってくるそうです。

僕も雪山育ちですし、登った経験もあるので、どれだけ過酷な状況なのかわかります。雪山ではデータをもとに情報を分析している暇なんかありません。いつ天気が急変するか分からないし、雪崩が起きるかもしれない。一瞬の判断が生死を分ける、まさにサバイバルの状況です。

危機感を持って、一つでも多くのことに気づくことが求められます。

竹内さんは、山はどれも個性が違うので、ある登山での経験を別の登山に持ち込むのは危険だと語っています。経験則で判断したら、油断が起きるということだと思います。雪山においても、固定観念は邪魔なのです。

僕がよくやるのは、都会の街中にあって、いま雪山にいるかのようにアンテナを張り巡らせる練習です。いつ雪崩が来たり、天気が急変するかわからない。いつ暴漢に襲われるか、いつトラックが突っ込んでくるかわからない。そんな緊張感を日常に持ち込んでみるんです。

すると、普段気づかなかったこと、例えば電車の車両のつなぎ目は空気が漏れるので感染症のリスクが低いことなどに気づかされます。

「危機感×気づき×即行動」というこのサイクルを高速で回すことができるようになると、世の中の状況がどう変わっても楽しく生き残れるようになります。

それだけではありません。行動すれば、それだけ成功のチャンスも増えます。

当然、仕事の生産性も爆上がりします。

ラッセでは9人でやっていた作業を4人でできるようになりました。にもかかわらず、一日の労働時間は増えるどころか16時間から9時間半に激減。普通のサラリーマンと同じぐらいの勤務時間を実現したのです。

日本一速かったコロナ対応

僕のサバンナ思考が最大限発揮されたのは、新型コロナウイルス騒動でです。

僕は今年1月の初めに、武漢で新型ウイルスが発生したというディープなネット記事を見つけました。

即座に違和感を覚え、「これ、全世界的に蔓延するんじゃね?」と思いました。というのも、2003年に流行したSARSよりも感染力が強そうだったんです。それに、東京オリンピックで今年は多くの外国人が日本に来る予定でした。

「これが日本で広まったら大変なことになる」と悟った僕は、すぐに店のスタッフと関係者のマスクを4カ月分買い、パルスオキシメーターという血中酸素飽和度を計測する機械も買いました(血中酸素飽和度が低いと、新型コロナウイルスの主な症状である肺炎が疑われる)。

僕のコロナ対応の速さは日本一だったんじゃないかと自負しています。

その後、日本でもちらほら報道されるようになり、ダイヤモンドプリンセス号で一気に注目を集めて、みるみる不安が広まっていきました。そこからマスクの買い占めも起きたので、巻き込まれずに済みました。

もちろん、それほど感染が拡大せずに終わる可能性だってあります。

でも、「お金をかけたのにムダになるかも」とか、「もうちょっと様子を見よう」とか、そこで慎重になっていたら間に合わなくなります。

危機的な状況にあるときほど、この一瞬の判断ができるかどうかがカギになります。

シマウマがライオンの姿が見えたときに、「まだ距離があるから大丈夫」なんて悠長に草を食べていたら、あっという間に逃げられない距離にまで近寄られます。どれだけ距離があっても、ライオンが気付かないうちに全速力で逃げないとサバンナでは生き延びられないのです。

今回も、コロナの感染が始まったとき、まだ正体が分からなくても、考えずにすぐに警戒して逃げなくてはならなかった。それがサバンナ思考です。

逃げた後で、情報を分析して予防や対処法を全速力で考えればいいのです。

そして、このとき僕が最優先させたのは「スタッフの命を守ること」でした。

実は、僕は重度の基礎疾患を持っていて、肺炎を何回も患っています。今でも気管支は弱いし喘息持ち。おまけにアスピリンとＮＳＡＩＤｓ（非ステロイド系炎症薬）のアナフィラキシー体質なので、クスリを服用したらどうなるかわかりません。

だから、僕がコロナに感染してしまったら相当ヤバい。たぶん死にます。

そこで「僕が死んでも店は存続して、スタッフ自身で給料を稼がせなければならない」と決意を固めました。都が決めたルールに従いながら、時短で営業を続けることにしたんです。

「スタッフを休ませないと命を守れないのでは？」と思うかもしれません。

経済の死も、そのまま人の死につながりかねません。飲食業界の業績が軒並み悪化している今、ラッセがつぶれたらスタッフは路頭に迷います。

情報収集するうちに、この病気の致死率はそれほど高くないと分かってきました。中でも若者の致死率は低いので、僕より重症化する確率は低くなりそうです。

感染リスクについても、感染者数ばかりが強調されていますが、よくよく考えてみれば東京都民は１４００万人います。

感染する確率としてはかなり低いと言っていいと思いました。

リスクを過大視せず引き受ける

というわけで、営業継続です。

ラッセは点みたいに小さな店ですが、食事は外食中心のお客様もいるわけです。食の社会インフラとしての責任も果たさなければなりません。

同時に、スタッフの健康を守らなきゃならない。油断して感染対策を怠るのは言語道断です。

そこで、店を医療機関のクリーンルームと同じような空間にすればいいと考えて、安全対策をビシバシ行いました。

「経済か、命か?」なんて議論している暇はない。どっちも守るために頭をフル回転し、できることは何でもしました。

僕はいつも割とリアルに死と隣り合わせの状況だから、後先考えずに行動できるのかもしれません。

だけど、日本では「よく考えて行動しろ」と会社では上司に言われるし、「石の上に三年」といったガマン系のことわざがみんな大好きです。

おまけに、今は子供のころから「周りの空気を読め」なんて大人に教え込まれてしまう。

だから、行動する前に周りの顔色を窺ってばかりです。

そんな中で、周りの誰も動いてないときに猛ダッシュで走り出すのは、なかなかの勇気が必要です。

その突破力を身に着けるには、どうすればいいのか？

それにはバカになるしかないと思います。

僕の脳ミソには「無理」という発想はありません。「できるか？」って考えるから無理という言葉が出てくるのかもしれませんが、僕はそんな疑問を持ちません。きっと僕がバカなんだろうと思うんですが、やると決めたらただ突き進むだけです。


今回のコロナでは自粛警察と呼ばれる人たちが動いていました。そういう人たちに目を付けられないために、シャッターを閉めて常連客だけを招いて営業を続けていた飲食店もあったぐらいです。

3～5月は、ほとんどの飲食店が休業しました。

自分の店から感染者を出すわけにはいかないということもあるでしょう。

休業すれば必ず赤字になります。手元資金が尽きれば、倒産してしまいます。

倒産すれば、スタッフは職を失います。どの店も余裕がないので求人は減少、就職活動も難航するはずです。その間収入がなくなれば、食うに困るスタッフが出てきてもおかしくありません。


もっと常識や固定観念を疑っていかないとダメなんです。

人から言われたこと、会社から言われたこと、決められたルールに従っているだけで、本当にいいのでしょうか？

コロナに感染するかもしれない、死ぬかもしれないというのは、これは事実です。

でも、感染リスクをゼロにしようとするあまり、リスクを過大視しすぎてしまっていないでしょうか？　むしろ、別の大きなリスクにさらされてしまうかもしれません。

リスクを引き受けて、恐怖心と行動をコントロールすること。万全な対策をしたうえで、総合的にベストな道を歩んでいくこと。これが求められるんです。

危機感×気づき×即行動でコロナでも黒字

「サバンナ思考＝危機感×気づき×即行動」

この章の最初にお伝えした、サバンナ思考の公式です。

3～5月は僕とスタッフ全員が強烈な危機感を持って、一つでも多くのことに気づき、それらを全て即行動し、この公式を高速で回してきました。

この3カ月間にラッセで行った主なコロナ対策をまとめてみました。

・店内お客様席間隔4メートル
・1サービス3組まで
・1テーブル4名まで
・換気と空気の流れが重ならない客席のレイアウト

・アルコール消毒4カ所設置
・手洗い場はペーパータオル
・手洗い水道は無接触流水
・スタッフはマスク着用
・ソーシャルディスタンス料理説明
・スタッフは毎回物を持つたびに手をアルコール消毒
・オーナー含め全スタッフは、毎朝出勤前に体温測定と体調報告を必ず全員に伝え、少しでも異変を感じた場合は出勤せずに自宅待機。翌日以降も出勤せずに経過観察、胃腸炎など明らかに他の体調異変と分かり回復したら出勤
・おしぼり巻き直しなしで殺菌済の袋のまま提供
・カトラリー（ナイフ、フォーク、スプーンなど）殺菌
・お皿をオーブンで高温殺菌
・ワイングラスは92度で2分殺菌
・料理は生ものの禁止、全て加熱したものに
・おつりの現金アルコール消毒

・クレジット決済の場合のサインを書くボールペンをアルコール消毒
・オーナー含め全スタッフ、そしてお客様は、パルスオキシメーターで血中酸素飽和度に問題がないことが確認できないと、入店できない（肺炎の症状があると血中酸素飽和度が低くなる）
・お客様のご来店日の朝に体温を測っていただき、体調に異変がある場合は予約日の変更をお願い
・時短営業　ランチ12時～14時、ラストオーダー13時
　　　　　ディナー17時半～20時、ラストオーダー18時半

この取り組みを公表したら、なんとお医者さんが来店しました。これだけ対策をしているなら安心だ、というわけです。

レストラン営業の他にも、パスタのテイクアウトと、スタッフの提案で冷凍ラビオリ（パスタのスペシャリテ）の販売を開始しました。

その三本柱で、ラッセは3～5月は黒字を達成。「飲食業界の奇跡」を起こすことができたんです。

皆さんも、ぜひ「危機感×気づき×即行動」のサイクルを高速で回すことを意識してみてください。きっと人生が変わります。

まとめ

★現代社会はいつライオンに食われるかわからないサバンナだ。

★「サバンナ思考＝危機感×気づき×即行動」
という公式を高速で回転させていけば、
どんな困難な時代でも生き残っていける。

★サバンナ思考の最大の敵はウェイト&ストップ思考と、固定観念。
本当にそれで幸せになれるのか、疑い続けよう。

★いつ雪崩が起こるかわからない雪山にいるかのように、
危機感を持って周りを見渡し、一つでも多く気づけるように。

★空気は読まなくていいので、本当に大切なものを守ろう。

第2章

超速で成長するマヨネーズ理論

一流に学べば一流になれる

僕には、「マヨネーズ理論」と名付けた法則があります。

マヨネーズ理論とは、すごい人のやり方を丸パクリして最速最短で成長するメソッドです。いつライオンに食われるかわからないサバンナでは、のんびり成長している時間はありません。

マヨネーズのつくり方をご存知でしょうか?

卵黄、油、酢、塩を混ぜるだけです。意外と簡単ですよね。でも、マヨネーズを発明するのはすごく難しかったと思います。

マヨネーズはスペインのメノルカ島にフランス軍が上陸したときに、現地のシェフがオリーブオイルと塩・レモン果汁に卵を加えて混ぜたソースを出したのが発端だそうです。

最初は酢は入っていなかったんです。

そのソースを気に入ったフランス人が、自分たちでつくっているうちに酢が加わったと言われています。酢は防腐効果があるので、これに気づいた人は天才です。

そんな大発明をするのは、下手したら一生かかるかもしれません。

もちろん、一生かけてマヨネーズを発明する人生も素晴らしいと思いますが、僕は時間のムダだと思うんです。

じゃあどうするか？

マヨネーズのつくり方を知っている人に教われればいいんです。

当たり前だと思うかもしれませんが、意外とこれができていない人は多いです。

世の中には、いろんなノウハウや知識、知恵があります。

「より良い方向に変化し続ける」という原理原則を守ろうとするなら、それらを知らずに努力しても、効率的とは言えません。

それを、サバンナ思考の「危機感×気づき×即行動」で見つけ出し、行動にどんどんつなげていく。これを高速で回し続けることによって、超速で成長できるんです。

僕は調理師学校にいるときから、一流の料理人になりたいと思っていました。

でも、卒業したばかりの僕は高級中華料理のチェーン店に就職してしまいました。

もちろん、そのお店でも学べることはありましたが、僕の求めていたレベルとはかけ離れている。そこで一流になるには気の遠くなるほど時間がかかるでしょう。一流になれないまま終わるかもしれない。

半年で見切りをつけて、僕は吉泉という一流料亭で修業を始めました。そのとき、僕がものすごいスピードで成長していたんです。感動すら覚えました。

一流になるなら、一から自分でやらずに、すでに一流になっている人に教わればいいんです。

この体験から僕が導き出したのは、

・一流になりたいなら一流に学ばない限り、そのレベルには到達できない
・一流に学んだほうが超速で成長できる

という2つの結論です。

これは料理人に限らず、ビジネスの世界でも同じなんじゃないでしょうか。

松下電器（現パナソニック）の創業者の松下幸之助さんが、ある日３００人くらいの経営者を前に京都で講演していました。

そこに京都セラミック（現京セラ）を創業したての30代の稲盛和夫さんがいました。

講演会のテーマは、ダム式経営。ダム式経営というのは内部留保、つまり現預金などの流動資産を手元に置いておく経営のことです。

講演が2時間くらいで終わって、一人の経営者が手を上げて「ダム式経営ができればいいですが、できないから苦労してるんです。どうしたらそれができるんですか」と質問しました。

すると、松下幸之助さんは**「ダムをつくろうと強く思わんといかんですなあ」**と答えたそうです。

それを聞いて、たった一人、稲盛さんだけがガツンと心に衝撃を受けるほど感動したんです。ボロボロ泣いて、「そうか！」って思ったんです。そこまで強く念じてダム式経営をしようという熱意がなかったから、僕はだめだったんだ、と悟ったそうです。

高校生でこの話を本で読んだとき、「二人ともカッコいい！」と感動しながらも、「僕もこんな素直でパワフルに生きていけるだろうか?」と劣等感で悩みました。

人生は、どんな人と出会って、その人からどんなことを学べるかによって、大きく変わります。

「人生を変える人と出会ってない」と思うのなら、これから出会えばいいんです。

出会うための方法と、出会ってからどうすればいいのかを、この章ではご紹介します。

ちなみに、僕はイタリアに行く前に、洋食屋に勤めていました。そこでは、タルタルソースをつくるために毎日大量のマヨネーズを業者さんから仕入れていました。

あるとき、「自分でつくったほうが安いんじゃないか?」と気づきました。

原価を計算してみたら、メーカー製の商品を買うよりも5分の1のコストで済むことがわかりました。たぶん加工費や容器代などが含まれるので高くなるのでしょう。

僕は「自分でマヨネーズをつくっていれば、もっと早く営業利益率が上げられたのに」とショックを受けました。その悔しさと、吉泉での修業経験が合わさって生まれた、というのがマヨネーズ理論です。

最初から最強の魔法を覚えに行く

ドラゴンクエストというロールプレイングゲームをご存じでしょうか？　主人公が世界を冒険しながら、強い魔法や武器を手に入れて、最後にボスを倒すというゲームです。

僕のマヨネーズ理論は、たとえるなら最弱のレベル1の段階で最強の魔法や武器を手に入れようとすることです。いきなりメラゾーマやイオナズンという最強の魔法を覚えに行ったり、ロトの剣という最強の武器を取りに行きます。

でも、レベルが低いから最初はなかなか使いこなせない。そして、MP（マジックパワー）という魔法を使うときに消費する能力値が低いので、1回しか使えなかったり、MP切れを起こしたりしてめちゃくちゃ疲れます。

ただし、その分得られる経験値は非常に高くなります。どんどんレベルが上がっていき、その結果メラゾーマやイオナズンをバンバン使えるようになり、ロトの剣をブンブン振り回せるようになるのです。

最初から「最強」を目指すのは簡単ではなく、それなりにハードルは高くなります。**そこで、1章のサバンナ思考が必要になってきます。落とし穴を避けることができれば、堂々と近道を歩むことができます。**ドラゴンクエストで言えば、防御力を上げるスカラという魔法や、最強の防具ロトの鎧、ロトの盾などにあたるでしょうか。

サバンナ思考とマヨネーズ理論、この2つを同時に使うとすごい威力を発揮します。

話を戻しますが、今の時代はプロセスをショートカットして、最初から最強を手に入れるぐらいのスピード感が必要です。

僕が尊敬するソフトバンクの孫正義社長は、アメリカに留学していたときに事業を立ち上げていました。そこで資金を稼いで、日本に帰国してすぐにソフトバンクを立ち上げています。

孫さんがショートカットしたものは何か。

「会社員」というプロセスです。ほとんどの起業家は、どこかの会社に就職してから起業しますが、孫さんがどこかの企業で働いたというエピソードは出てきません。

そこをショートカットして起業して社長になったので、事業を軌道に乗せるまでに相当苦労したようですが、結果的に30代でソフトバンクの上場を果たしています。

孫さんは没頭の天才なのでここまでショートカットできますが、普通はなかなかできません。それでも、これぐらいプロセスを省いてもいいという参考にはなると思います。


そもそも、今の新卒社員は、最初から即戦力であることを求められます。

30年ぐらい前までは、新卒社員は上司のかばん持ち的な仕事から始めて、一人前になるまで時間をかけて育ててもらえました。

それが今では、日本企業には余裕がなくなってきたこともあり、最初からある程度のことはできていなければなりません。それができていない新卒社員は「使えない」と早々と認定されてしまったりする。これはもう、サバイバルが始まっているということです。

しかも、今は40代ぐらいになるとリストラ候補になってしまいます。サラリーマンが勝負できる期間は短すぎる。

あらゆるプロセスをショートカットしながら、自分で成長しないと間に合いません。

30代になってから「管理職に就いたし、マネジメントスキルを身に付けよう」なんてやっていたら、遅すぎるかもしれません。それなら、次の章でお話しするように20代でサイゼリヤでバイトをして現場の回し方を身をもって体験したほうが、「チームの生産性はこうやって高めればいいんだ」と学べることが多々あるんじゃないでしょうか。

今の時代は常に独立や起業を視野に入れつつ、自分で自分を育てていかないといけないんだという点は肝に銘じたほうがいいと思います。

徹底的に観察して完コピせよ

尊敬する誰かを素直にコピーできる人は超強いです。

一流料亭吉泉での3年間はまさに、料理長であるオヤっさんをひたすらコピーし続ける日々でした。

当時の料理人の世界では「教えない」のが普通でした。師匠や先輩のしていることを見て、マネながら習得していかなければならなかったんです。だから、教わらないと何もできないような人はあっという間に淘汰される、弱肉強食のサバンナでした。

ここでも、サバンナ思考の「危機感×気づき×即行動」が重要になります。

僕はオヤっさんを必死で観察しました。**何を見て、どう感じて、どう動いているのか。オヤっさんと同じように見て、感じて、動くようにしました。**

ある日、オヤっさんの食材の買い出しに同行させてもらい、京都中央市場に行きました。僕はじっとオヤっさんを観察していました。何度か連れて行ってもらううちに、どの店で、どういう魚を選んで、どの順番で買うのか、だいたいわかるようになりました。ルートがわかっていたから、僕は自然と先回りをして、次の店に行ってお店の人と準備を進めて、またオヤっさんのところに戻る。そんな風に市場まわりをするようになりました。

僕が入って半年くらい経ったとき、オヤっさんが珍しく弟子全員で市場への買い出しに行こうと言い出しました。仕入れが半分くらい終わったころ、オヤっさんは弟子たちに言いました。「お前ら村山の動きを見ろ」と。10年以上いる兄弟子もそこにいました。

僕は何のことかわかりませんでしたが、後から同期に聞いたところ、「僕が先回りしているところを見せたかった」とのことでした。

一流を徹底的に観察して、完コピする。そのうえで、先回りする。このやり方で間違っていなかったんだと、僕は確信しました。

もう一つ例を挙げましょう。

料亭には個室や廊下に花を生ける場所があり、オヤっさんがそこに生ける花を準備する係を「花番」と言います。剪定の技術が必要なことはもちろん、季節感やお客様の顔ぶれ、席の配置などによって、何を生けるのかが変わってきます。

秋なのでコスモスを生けるとしましょう。そこまでは誰でもできる。

でも吉泉では形や大きさ、色合い、全てを追求し「よくこんな綺麗なものを見つけたね」とオヤっさんに言われる花を準備しなければならないのです。

豊臣秀吉は、千利休の庭に咲いているアサガオの評判を聞き、「アサガオを見たい」と所望したそうです。ところが、秀吉が訪れると、庭一面に咲いていたアサガオは全て刈り取られていました。

がっかりした秀吉が茶室に入ると、最も美しい一輪のアサガオがそこには生けてありました。よりすぐった最高のアサガオを一輪だけ秀吉に見せようとする、その美に対するすさまじさ。秀吉はあっぱれとほめたたえたそうです。

一流を追求する人は常人には思いつかないような美を考えるものです。

真偽は分かりませんが、「日本文化の源流」とも言われる千利休の逸話は、吉泉でオヤっさんが実践していたことに通じるものがあると思います。

そんな機微がわからないといけない世界だから、花番はほぼ全員がすごい勢いで毎日叱られていました。法則性があるような気もするけど、例外も多くて、オヤっさんが求めているようにやるのは本当に難しい。

ここでも僕は、オヤっさんの動きをとことん観察し、オヤっさんになりきることで、オヤっさんの好みや求めるレベルがだんだんわかるようになっていきました。

このとき、僕の美意識ではなく、オヤっさんの美意識を考えなければなりません。

ポイントは、

・一流の人が感じている感受性やこだわりを感じ取る
・それを自分の中にコピーして、育てていく

という2点だったと思います。

厳しいオヤっさんも、仕事ができるようになると、だんだんと怒らなくなりました。

ありがたいことに、オヤっさんは僕を料理長にしようとまで考えてくれていたのですが、僕は腰を痛めてリタイアしてしまいました。

完コピはあまりいいイメージでは捉えられていませんが、最初に基本である「型」を身に着けないと、応用すらできません。

最初から自己流でやってしまったら、結局うまくいかなくて、最初からやり直すことになるんじゃないでしょうか？　その時間のほうがムダです。

だから、試行錯誤する時間をショートカットしてしまえばいい。優秀な誰かの一挙手一投足をマネて自分のものにしてから、自己流を模索するほうが、確実に成長できるし、うまくいく確率も高くなります。

自分の頭で考えるにしろ、土台になる部分ができていないと何も考えられません。その土台をつくるために完コピするんです。

そもそも、「完コピする」と決めた時点で、自分の頭で考えて決断しています。

だから、皆さんも恐れずに完コピしてみてください。それが超速で自分を成長させる第一歩です。

「無」になって世界一に憑依

完コピするときは、「要領よくやろう」とか、「もっと効率的なやり方があるんじゃないか？」なんて考えてはいけません。

そんな雑念があったら、中途半端にしかコピーできずに終わります。そして、結果的に大したことが身に付かずに、成長するのに時間がかかります。

どんなに理不尽であろうと、効率が悪かろうと、完コピすると決めたからには、徹底的にマネる。そこにバカの突破力が必要になります。

吉泉で一流料理人のすさまじさに触れた僕は、心機一転、26歳の夏にイタリアに旅立ちました。

最初の仕事はフィレンツェにあるトラットリア（カジュアルなイタリア料理店）で8カ月働きましたが、僕が欲しいのはやっぱり一流の技術です。

僕はイタリアに来る前からずっと、「ダル・ペスカトーレ」というお店で働きたいと思っていました。ある料理雑誌でダル・ペスカトーレを紹介していて、その土地で育った人間が、その土地の自然で育った無農薬の食材だけで世界一の料理をつくり上げていると書かれていたんです。それを読んだ時、「絶対に俺はここに行くんだ」と決めました。

とはいえ、イタリア料理の知識も技術もない日本人が、いきなり三ツ星のお店で働けるわけはない。二ツ星のお店で実績をつくってから、門を叩くことにしました。

そこで、イタリアの首都ミラノで一番のお店である、「アイモ・エ・ナディア」というミシュランで二ツ星を獲得したお店に移ります。その後もう一店、二ツ星のお店で修業した後、いよいよ世界トップの三ツ星レストランで働くことになりました。

ダル・ペスカトーレはイタリアのマントヴァという街の郊外にある、一軒家のレストランです。周囲には畑が広がり、のどかな田園地帯の真ん中に店があります。

オーナーはアントニオ・サンティーニで、シェフは奥さんのナディア・サンティーニ。ナディアは僕の生涯の師匠になります。

簡単には雇ってもらえませんでしたが、その話はひとまず置いといて。

お店に出勤した初日のことです。

「あなた達がまた失敗したら、あたしは首をかき切るわ!!」と、ナディアは自分の喉元に包丁を突き立てて叫んだのです。

ランチ営業のあと、全てのスタッフを壁際に立たせたナディアは、スタッフの働きに満足がいかず怒りを爆発させていました。ナディアの剣幕に凍りつくキッチン。長い沈黙のあと、ナディアは無言でその場を去っていきました。

「とんでもないところに来ちゃったな」と、僕は半端ない先制パンチを喰らいました。

世界一のイタリア料理店が求めるレベルを、初日から叩き込まれたんです。

ナディアの集中力は、稲妻が走っているようでした。学校あがりの新人だろうが他の三ツ星からの転職だろうが、容赦なく同じクオリティを求めてくる。ナディアに気に入られないとクビになります。

吉泉は職人としての弟子入りなのでクビはありませんが、イタリアの三ツ星クラスはプロ契約なので期待以下だとクビになります。吉泉以上のサバイバルな環境がそこにはありました。

ダル・ペスカトーレは毎日がオリンピックかワールドカップの決勝戦のようでした。世界一か敗者か。最高の素材を使い、最高の料理を出す。間違いは絶対許されないし、完璧しかあり得ないという世界です。

毎日、すさまじいプレッシャーとの闘いでした。翌日仕事に行くのが怖いし、極度の緊張状態にあるため、疲れているのに夜眠れない。

完璧を求めるナディアのもと、僕が習得するのに1年以上かかったものがあります。それは料理じゃありません。「パン粉」です。

肉料理のソテーにまぶしたりするために、毎日グラインダーを使って乾燥させたパンを細かく挽くのですが、何度やってもナディアは首を縦に振ってくれません。温度、湿度、パンの状態、お客様、それら全てを加味した、毎日変わる「完璧なパン粉」をつくらなくてはならないのです。

昨日の指示に従ってやってみても、今日はダメと言われる。ひたすらダメ出しを受け続けて、挙げ句の果てには「男には女性の感性がわからないのよ」なんて身も蓋もないことを言われました。

「これは理屈で考えたらダメなんだ」

そこから、完コピの毎日が始まります。

最初の担当は、デザートづくりのセクションでした。いわゆるパティシエです。ダル・ペスカトーレで出される料理は、伝統的なイタリアのメニューが基本です。よく雑誌などで紹介される、きらびやかな創作料理とはまったく違う、素朴な家庭料理。デザートもシュークリームやチョコレートのスフレなど、シンプルなものばかりでした。

なのに全然OKと言われません。一生懸命つくってでも無言でナディアがつくり直す、その繰り返しでした。彼女のイメージを理解して、それを再現しないといけない。彼女にしかわかり得ない感覚的なミクロ単位のさじ加減があり、そこまで完璧に再現することが求められます。

ナディアと一体化する。これが求められているんだなと思いました。

僕はもう、変態かってくらい徹底的にナディアを観察しました。

手や指の動き、フライパンを振る角度などはもちろんですが、まばたきや呼吸する回数までを見ていました。そうすると、盛り付けをする瞬間に息を止めたり、呼吸回数が上がる瞬間などがわかり、その後ろにある感情も推察ができるようになっていきました。

そして、その通りに僕はやってみました。

ナディアはたまに爆発しますが、ほとんどの場合、怒ってもくれません。自分の求めるレベルに達しない人は無視され、自分から辞めるように追い込まれていきます。

そんなナディアが3カ月ぐらい経ったある日、「やっとわかったわね」と言ってくれて、急に話しかけてくるようになったのです。

その後、僕はデザート部門のシェフパティシエになりました。

完コピするときは「こんなことをマネて何になるんだろ?」なんて、疑問を抱いていちゃいけません。

そんな時間すらもったいない。「無」の状態になって、相手を信じきって、全てを完コピするのです。

自分に向いているかどうかは、後で考えればいい。ちょっと試してみただけで「自分には合わない」とやめてしまったら、〝マヨネーズ〟は永遠に手に入りません。

完コピの果てにある「ゾーン」

ナディアに認めてもらってから、僕はパティシエを1・5年経験した後、肉のメイン料理の部門に移動しました。

それからしばらく経ったタイミングで、僕はスーシェフというキッチン責任者に指名されました。スーシェフはナディアの意をくみとり、キッチン全スタッフに指示を出す司令塔です。

ダル・ペスカトーレで働き始めてから、2年ぐらいでの抜擢です。完コピであっという間にその地位に上り詰めたのです。

アルマーニのデザイナーに友達がいますが、彼に電話したら泣いて喜んでくれました。

「太一！　お前はわかっているか⁉　ユベントスやインテルなどのビッグクラブでキャプテンマークを着けているのと同じことなんだぞ」と。

2007年の冬のこと。

「1週間、私たちは海外にでかけます。その間の店は太一、よろしくね」

ナディアの言葉に場がどよめきました。ダル・ペスカトーレが星を獲得してから20年以上、彼女がいない状態で店を開けたことは一度もなかったからです。

その年はミシュランが日本に初上陸した記念イベントで、ナディアは日本に招待されていました。

ナディアがいる中でのスーシェフと、ナディアがいない中での「シェフ代理」では話が全く違います。僕は重圧で押しつぶされそうになりました。

ナディアなしで、ダル・ペスカトーレの感動をつくり出さなくてはいけないのです。

ナディアのいない1週間は、静かにすぎていきました。

それはまるでスローモーションのように、トップアスリートが「ゾーンにはいっている」と言うような、そんな状態でした。

ナディアがいないという重圧はありましたが、そもそもこの2年間は極度の緊張感の中で毎日を過ごしていたので、いつもと変わらず淡々と業務をこなすだけ。一つ一つの食材と向き合い、最高の料理を届けました。

僕はもう、ナディアになりきっていました。

そして、いつの間にかナディアが帰ってきて、「どうだった？」の一言もなく、何もなかったかのようにいつもの日常に戻っていきました。

トップアスリートは本番に備えて過酷なトレーニングをします。毎日、同じ練習を繰り返した結果、本番で実力を発揮できるのです。僕はいつの間にか大舞台で戦える力を身に付けていました。

振り返ると、このとき僕は新しいステージに足を踏み入れたのだと思います。

日本に帰ろう。僕はそう思いました。日本を離れて8年が経っていました。

そして帰国後にオープンさせたのが、ラッセです。

完コピをしていると、いつしかその「型」を破り、自分なりの「型」をつくっていく段階に移ります。

ゴールまでを超速で走り抜けるためにも、やはり完コピはすぐれた方法です。

もし、優れた一流の人をマネているのになかなか成長できないのなら、きっとマネ方が足りないのです。

皆さんも、上司から「なぜ言われた通りにやらないんだ」と言われたことがあるんじゃないでしょうか？

これは上司の指示の出し方が悪い場合もあるでしょうが、たいていは「これぐらいやらなくてもいいよね」「こうやるほうがいい」という感じで、自分なりの解釈を加えてしまっているのが原因です。ある程度経験を積むと、陥りやすい落とし穴です。

まずは言われたことを、言われた通りにやってみる。それが間違っているように見えても、です。その素直さや謙虚さが、劇的な成長を約束してくれます。

「誰から教わるか？」に妥協するな

「三年勤め学ばんよりは三年師を選ぶべし」という中国のことわざがあります。

3年独学で学ぶより、3年かけてでもベストな師匠を探して教わったほうがいいという意味です。

その通りで、誰に教わるかは非常に大事です。

師匠は一流でなければいけないし、トップでなければなりません。

ただし、一流＝有名人というわけではありません。そこに惑わされずに選ばないと、間違った道を歩むことになります。

調理学校を卒業するころ、僕は一流の料理人になるにはどうすればいいのかを考えていました。

当時、『料理の鉄人』というテレビ番組が話題になっていました。和食、洋食、中華、それぞれのジャンルで活躍する一流料理人の「鉄人」が挑戦者と対決する90年代の人気番組です。

和食の鉄人・道場六三郎、フレンチの鉄人・坂井宏行、そして中華の鉄人・陳建一。そのころトップの料理人として僕が知っていたのは、テレビの中で喝采をあびる3人の「鉄人」だけでした。

一流の料理人になるには、まずは最高の料理というものを知らなければならない。

そう思った僕は、東京に行って鉄人の店に行くことにしました。あわよくば、鉄人の下で修業したい。そんな下心もありました。

なけなしのお金を握りしめて、3人の「鉄人」全ての店に行きました。

僕の人生を決める真剣勝負です。きっと、殺気立っていたと思います。

一皿ひと皿に全神経を集中させていくと、他の客の話し声も、食器やグラスの音もすっと消えていきます。僕には目の前の料理しか見えません。

この料理は、どのようにつくられたのだろう。どうすれば再現できるだろうか。自分なりに分析して、レシピを想像しました。電車の中で大量のメモをとりながら、家路についたのを覚えています。

結果から言うと、心を動かされるお店はありませんでした。今思えばですが、僕の感受性が圧倒的に足りていなかったんだと思います。

そうこうしているうちに、料理学校の卒業が近づいてきました。時間切れです。

僕は学校に求人を出していた高級中華チェーン店に就職してしまったんです。一流の料理人になりたかったはずなのに、もう卒業だし仕方ないかとあきらめてしまいました。

その結果、僕はだいぶ遠回りしました。

僕はその後、再度奮起して、生涯の師匠となる吉泉のオヤっさんや、ダル・ペスカトーレのナディアと出会うことができました。

会社に勤めている皆さんは、「上司は選べない」と思うかもしれません。

どんな会社でも一人は優秀な人がいるとは思うので、その人を見つけ出して完コピするというのもアリでしょう。

あるいは、周りにいる上司がひどいレベルなら、反面教師にして自分はそうならないようにすればいい。

僕も修業中に尊敬できない先輩や同僚と一緒に仕事をしたけど、そういう人たちには絶対に染まらないと心で誓っていました。仕事をするうえで表面的には指示に従ったとしても、心までは支配されないのが大事です。絶対に。

だけど、今はひどい上司だと思っていても、もしかしたら数年後、数十年後に、その上司が教えてくれたことは実は正しかったと気付く場合もあります。今の自分が未熟で、教えていることの意味が見えないことだってあるんです。

だからこそ、師匠選びは難しい。

その人の名声や肩書に惑わされず、真の一流を時間をかけてでも探すのが、マヨネーズ理論の一番大切なところです。

必ず利益が出る勝利の方程式

イタリアの修業を終えて日本に戻ってきた僕は、修業したお店の数だけ〝マヨネーズ〟を手に入れていました。

でも、僕には手に入れていない〝マヨネーズ〟が一つだけありました。

それは、経営者の〝マヨネーズ〟です。

自分のお店を開くには、料理だけしていればいいというわけじゃありません。

日本の中でも東京はレストランの激戦区です。オープン資金が必要だし、オープンしてからはコストを考えながら料理をつくらないとあっという間に破産してしまいます。それに、スタッフを雇ったら給料を払う必要があるし、指導もしなくちゃいけません。

帰国後、「無印の飲食業のレベルアップを手伝ってほしい」と声をかけてくれたのが、株式会社良品計画の会長（当時）松井忠三さんです。

松井さんは毎年夏休みを利用して海外の星付きレストランを巡る美食家です。美食巡りがライフワークということもあって、イタリアの三ツ星ダル・ペスカトーレで出会い、意気投合。その後も僕のことを気にかけてくれていたのでした。

そしてCafe&Meal MUJI（ミールムジ）で働くことになったんです。

配属されたのは、有楽町店の店内で展開するミールムジ。150席の大箱で、客単価は昼で780円、夜860円。ダル・ペスカトーレと比べると、席数5倍に客単価は何十分の1と、何もかもが違いました。

それまで僕はエクセルすらちゃんと使ったことがなかったので、店の経営の全てを一から学んでいくことになりました。

無印の基本は、数字です。PL（損益計算書＝売上や利益、コストをまとめた会社の成績表）やFL（食材原価と人件費にかかるコスト）といった基本がまずあり、それらを細かく分けて1皿あたりの売上、原価、また全体としてのロス率も割り出しています。

ミールムジはデリのメニューが主力で、1皿あたりの売上は270円。原価は72円と決められていました。それを1日あたり何人のお客様が、平均何皿頼むという売上を計算し、1皿あたりの人件費（1皿あたり何分でつくる、みたいなところまで数字があります）などのコストもバッチリ決まっているんです。

言い方を変えると、「この通りやれば利益が出る」という勝利の方程式みたいなものをすでに持っていました。

例えばそのときのミールムジ有楽町店でざっくり年間4億円の売上がありました。1%売上を伸ばすには、400万円増やさなきゃいけない。営業は365日、客単価が780円とすると、1日あたり14人のお客さんを増やすことになる。

14人増やすにはどうするのか。味、サービス、告知方法……、それらの総力戦です。

例えば、ホール10人、キッチン7名が「いらっしゃいませ」のイントネーションを変えるだけで、売上は変わります。レシピは一度決めると変えられないので、盛り方やショーケースの見せ方で工夫をする。そうした一つ一つを現場で発見していって、目標設定をして、マニュアルに落とし込んで教育していくのです。

こうした全てが、予算という計画から成り立ってるんです。飲食ビジネスは「計画」するものだったんだ、と初めて気づきました。

ミールムジは売上や客単価は高くなくても、メニュー開発では手を抜きません。

全店舗の料理長が月に1度集まり、新メニューがそこで提案されます。

ミールムジのデリは、野菜を使った栄養バランスがよいメニューが基本で、温かいもの6種と冷たいもの12種類。料理長会議において、その18種類のバランスもふまえてメニュー構成を決めていきました。

僕がいたころは「江戸菜のシーザーサラダ」「レバーとこんにゃくの甘ピリ辛煮」「鳥の唐揚げ」あたりが定番でした。僕もショートパスタのメニューなどいくつか採用されましたが、ロングセラーを生み出すことはできませんでした。

また、どの店舗でも、スタッフ2人で20種類ぐらいのメニューをつくらなくてはならないので、簡単につくれるレシピが必要です。

僕から見ると制約だらけなんですが、逆にそれを満たしていればなんでもありでした。世界各国の料理が好きな料理長が一人いて、その方は毎回「シンガポール風○○」「ペルー風○○」みたいな料理を提案していました。

そうした料理の全てを修業して学んだのではなく、「興味があったらそこからレシピを組み立てられる」って逆にすごい技術です。「クリエイティブだ！」と興奮しました。

そうやって数字面やレシピの組み立て方について学んだ僕は、少しずつ経営者の〝マヨネーズ〟が容器にたまっていきました。

美味しい料理より黒字経営

今の僕は、経営の〝マヨネーズ〟を一番重視しています。やっぱり僕は料理人であると同時に、経営者なので。**美味しい料理をつくることと、お店を黒字にすること、どちらが大切かと言えば圧倒的に後者なんです。**

もちろん、料理を軽視しているわけではありません。ラッセのキッチンではいつも真剣勝負をしていますし、どこよりも美味しい料理を提供している自信はあります。

ただ、料理は経営という大きなくくりの中の一部でしかないんです。ホールでのサービスや営業、マーケティングなんかもそうです。

僕はずっと、料理という〝マヨネーズ〟だけで生きてきた人間だから、松井さんから「経営とはなんぞや」というものを教えてもらったとき、衝撃を受けました。

やはり、最終的に経営者の〝マヨネーズ〟をいっぱいにしてくれたのは松井さんです。

一緒に店に出資してくれると決めてから、松井さんは僕にたくさんのアドバイスをしてくれました。

オープン前は「初期投資をとにかく抑えること」と言われました。これは大事な教えで、自分の城を持てたとばかりに、一等地で場所を借りて、内装に凝って、キッチンも最新式の設備ばかりをそろえたりしていたら、初期投資を回収する前に店はつぶれる可能性大です。だから、ラッセの内装は、オープン当初は一番安い白い壁紙にしていました。内装にこだわったのは開店して6年目、経営が安定してからです。

オープンしてからは、キャッシュフローを何よりも気にかけていて、FL（食材原価と人件費）をどう一定化させるかを考えています。

2カ月に1回の経営会議では松井さんは今でもさまざまなアドバイスをしてくれます。それだけじゃなく、人間としてまだまだ未熟な僕に「異業種から学ぶ」「気づきを行動に移す」といった基本を教えてくれました。

僕がスタッフにつらく当たっているのを気づいていたのか、「いじめられっ子はいじめっ子になるんだよ」と言われたときは、ハッとしました。松井さんはくどくどと言い聞かせることはなく、いつも鋭く本質を突いてくる感じです。だからこそ、目が覚める。

いつも僕が一週間ぐらい悩んで「こうしたいと思う」と相談すると、一言で答えをくれます。経営の最前線で何十年間もトップランナーとして走ってきているので、選択肢が何万とか、何億とかある中から、瞬時に選べるんでしょう。

僕だったら1m先しか見えないけれども、松井さんの場合は10㎞先が見えているような感じです。僕がどれぐらいのレベルのことで悩んでいるのかを一発で見透かされて、今の僕に合わせてアドバイスをくれる。ささいなことで電話をしても、いつも親身になってくれます。

こうやって振り返ってみると、僕は本当に素晴らしい師匠たちに恵まれてきたんだと思います。

弟子入りを成功させる5つのステップ

皆さんにも、憧れの人や目標としている人がいるんじゃないでしょうか。

料理の世界と違って、会社に勤めながら会社の外で弟子入りするのは、ハードルが高いかもしれません。

ですが、今はオンラインサロンがあります。気軽に一流の人とやりとりできる場があるんだから、利用しないのはもったいない。今どきの弟子入りの方法として、ピッタリな気がします。

お目当ての人が勉強会やセミナーを開いているなら、そこにせっせと通って顔を覚えてもらい、懇親会などでいろいろ教えてもらうプチ弟子入りもあります。

憧れの人が本を出しているなら、それを100回読んでその人になりきってみるのも、弟子入りみたいなものかもしれません。これについては5章で詳しくお話しします。

もしリアルな場でみっちり教えを請いたいのなら、やはり通常の弟子入りがいいと思います。

本業の仕事の合間を縫って師匠に教えてもらったり、あるいは起業を目指しているなら、そのための準備期間中に師匠の下で働かせてもらってもいいかもしれません。

弟子入りするための僕なりの方法論をご紹介します。

ステップ① 目的・目標を考える

漠然とした憧れや好奇心だけでは、弟子入りする意味はありません。

相手も迷惑ですし、そもそも、相手もその程度の気持ちしかない人に何かを教えてあげようという気にはならないでしょう。

僕の場合は、いつか独立したいという目標があったし、そのために一流の料理人の技術を何が何でも身に着けたいという目的もあったので、弟子入りする必要がありました。

弟子入りする相手に「●●について学びたいので、教えてください」とお願いするためにも、目的や目標をしっかり決めておきましょう。

ステップ② 尊敬できる師匠を探す

これは前項でお話ししたように、時間をかけてでも一流の人を探すこと。

自分の理念や価値観、目指す方向性が同じ人を選ぶといいと思います。

当たり前ですが、尊敬できる人物であることも大事です。

有名人であるとか、会社の規模とかは関係なく、「この人にならどこまでもついていきたい！」と思えるような人でないと、弟子入りしてもたぶん失敗します。

ステップ③　徹底的に下調べする

僕が弟子入りした時代はインターネットはなかったし、師匠たちの本もありませんでした。ダル・ペスカトーレは雑誌の小さな記事を読んだだけで「ここで働きたい」と決めたぐらいです。

僕はサイゼリヤでバイトする前に何冊も本を読んでから行きましたが、今の時代に下調べは必要だと思います。

本を出しているなら全ての本に目を通して、雑誌やネットでインタビュー記事を読んで、講演会などにも足を運ぶのは当たり前。逆に、そこまでしたいと思えないのなら、弟子入りするほどの熱意はないということです。

弟子入りは、恋愛と似ているかもしれません。

その人に会いたくて会いたくて、片思いの相手なら、相手の好きなことや誕生日を調べて、相手の一挙手一投足を観察して相手のことをもっと知りたいと思う。自分に振り向いてほしいと切望する。

それぐらいの熱意がないと人を動かせません。

ステップ④　師匠に勝る情熱でアタックする

いよいよ本番。ここで肝に銘じてほしいのは、「断られる覚悟を持て」ということです。
一度のお願いで「いいよ」と言われることは、たぶんありません。何度断られてもあきらめないバカの突破力が、ここで必要になります。

参考までに、僕はこんな風にして弟子にしてもらえました。

・吉泉

最初に電話をしたとき、働いている中華料理チェーンの名を伝えると、即切られました。めげずにもう一度電話をして、どうしても見学させてほしいと頼み込みました。

この見学は大変ハードで、**10時間以上、直立不動でただただ料理をつくっている様子を見ていました。**

そんな見学を3回繰り返して、4回目。15時間ほどの見学が終わったとき、弟子入りを認めてもらえました。心の底から修業したいのかどうか、本気度を確かめるためにオヤっさんはそこまでしていたのでしょう。

・アイモ・エ・ナディア

僕が初めて働いたミシュラン星付きのお店で、イタリアの首都ミラノで一番のリストランテ（トラットリアより格調の高いレストラン）です。

最初は手紙を送りましたが返事がありません。ミラノに行って店を訪ねましたが、門前払い。インターフォン越しに断られて中に入ることもできません。

店に行っては断られるのを何度も何度も繰り返し、**7回目の訪問でやっと裏口から入っていいと言われました。**

・ダル・ペスカトーレ

僕が門を叩いたのは、二ツ星のリストランテ2店で修業をして、料理コンテストに出場して実績づくりを重ね、準備が整ってからです。

店に行くと、偶然オーナーのアントニオ・サンティーニが表に出ていました。僕は彼に駆け寄り、「あなたの所で働かせてください！」と履歴書を渡しました。

その履歴書は、これまでに考えた料理の写真や実績、自身の思いや思想を1冊のぶ厚い資料にまとめたものでした。ちょっと驚き顔のアントニオでしたが、履歴書をパラパラめくりながら言いました。

「今はないけど、1カ月後には空きが出るかもしれない。電話してみて」と電話番号を渡してくれたのです。そして1カ月後、電話をするとすっかり忘れられていましたが、そこで再度アピールすると働かせてもらえることになりました。

ダル・ペスカトーレには年間2000を超える就職希望が届きます。そのうち、採用されるのは10人いるかいないか。優秀な学校を良い成績で出た若手か、他の三ツ星レストランからの紹介で入るのが普通です。

のちにアントニオに聞きましたが、彼はいつも1秒で人を見るとのことでした。直接出会えた運とともに、**履歴書の「ぶ厚さ」が効いたことは間違いありません。**


僕みたいに実績のない人間が、いきなり世界でナンバーワンの人に弟子入りさせてもらうには、どうしたらいいか。

そのためには相手に期待感をギフトしようと思いました。

「僕があなたのもとで教わることによって、僕があなたの意志を受け継いで、あなたが生きている功績を世に伝えていきます」という想いを、言葉にしなくても、行動で約束しなきゃいけないんです。

「こいつだったら自分がやっていることを、心の底まで理解してくれて、自分がもし先に死んだとしても、村山太一だったらやってくれるだろう」と思わせなければ、弟子としてとってくれません。

それをわかってもらうには、何回も断られなければならない。**師事したい人に対して、「僕の情熱はあなたよりも上だ」という熱意を見せないと、それ以外に自分が勝てるところなんか一つもないんだと、僕は思っていました。**

ステップ⑤　徹底的に完コピする

晴れて弟子入りが決まったら、そこから先は完コピです。

1点も疑問を持たず、師匠の一挙手一投足から呼吸までを観察して、師匠になりきってください。その際は、サバンナ思考の「危機感×気づき×即行動」を高速で繰り返すこともお忘れなく。

僕みたいに弟子入りは何回してもいいと思います。

ただし、複数の師匠に同時に弟子入りするのはやめたほうがいいです。一人の師匠に対して全力で向かい合う気迫がないと、中途半端に終わります。

一流を自由自在に使いこなす

こうして、いろいろな〝マヨネーズ〟を手に入れたらどうするのか。

その時々で自由自在に取り出して、組み合わせながら使いこなしていくんです。

たとえるなら、四次元ポケットのようなものです。必要に応じて、いろんな〝マヨネーズ〟を取り出して駆使していきます。意外なところで、意外な経験が生きたりします。

イタリアで修業したアイモ・エ・ナディアでのことです。

入った初日に「何ができる？」と聞かれたので、魚料理ができると答えました。吉泉でみっちり魚の技術は磨いていたので自信はありました。

すると、その日は一日魚場で段取りやメニューについて教えてもらいました。僕は必死でメモを取って、夜のうちに丸暗記。魚場はだいたい1週間でできるようになりました。

そのとき、「新しいメニューを考えてみて」と言われたので、鯛のカルパッチョをつくりました。セロリやニンジン、玉ねぎ、チコリを和食のような感じで飾り切りしてお皿に盛り、その上にカルパッチョを乗せてドレッシングをかける。

これは吉泉で学んだ〝マヨネーズ〟に、イタリアンのスパイスを加えたようなものです。すると、「素晴らしい。さっそく明日から採用しよう。みんなにその技術を教えてあげてくれないかな?」と、まさかのメニュー採用。

これを機に、僕は二ツ星レストランで一目置かれるようになったのです。

〝マヨネーズ〟を駆使していくことを、別の例えで言うなら、メガネを取り換えていくようなものです。

キッチンで料理をしていて迷ったら、「ナディアならどう考えるかな?」と自分に問いかけます。

経営だったら「松井さんならどう考えるかな?」「本田宗一郎なら?」と、すごい経営者の視点でものを見てみる。

ニュースだったら「ウォーレン・バフェットなら？」と考えて、株価がどう動きそうか予想する。

5章でもお話ししますが、本田宗一郎や松下幸之助、ウォーレン・バフェット、スティーブ・ジョブズなど一流経営者の生き方や考え方も、何百回という読書で僕の頭の中に叩き込んであるんです。

それを繰り返していくと、自分のメガネや判断基準というものができてきます。

「でも、俺はこう考えている！」

そこで初めて、自分のオリジナリティが出せる。他人のコピーではない人生が生きられるようになるのです。

逆説的ですが、それはいろんな人のコピーをしてきたからなんです。だから、すごいと思う人がいたら、どんどん丸パクリすること。それが、自分オリジナルの〝マヨネーズ〟をつくり上げる近道なんです。

宝物はすぐ近くにある

ここまで一流の人のマネをするという話をしてきましたが、たぶん皆さんの身近にも一流の人はいます。皆さん自身がそれに気づいていないだけなのかもしれません。

僕は、ホントはコーヒーが苦手です。

でも、おいしいコーヒーを淹れることはできます。

僕はコーヒーの淹れ方をマスターするために、イリーというイタリアで有名なコーヒー豆のメーカーの講習会に参加しました。でも、星付きレストランで出すコーヒーとしては、それだけではまだ足りない。

ある日、友達が料理長をしている旅館に遊びに行ったら、友達の部下が「コーヒーが苦手な人でもこれは飲めますよ」とアメリカンコーヒーを淹れてくれたんです。それがホントにおいしかった。

思わず「すげえ、このコーヒーうまい！　どうやって淹れるの？」と色々聞いてしまいました。すると、彼は親切に教えてくれた。

さらに、とある世界一になったバリスタの店に行ってみたら、カプチーノがおいしかった。そこで、「どうやったら、こんなにおいしく淹れられるんですか?」とバンバン質問したら、気前よく教えてくれました。

飲んだ後は相変わらず気持ち悪くなりますが、おいしいコーヒーの味はわかりました。その3カ所で教わったことをいいとこどりして、豆の挽き方を1回ずつ変えたりしながら、おいしいコーヒーを淹れられるようになったのです。

このような経験から僕が導き出したのは、

・自分の身近の人からも学べる
・苦手なことも一流の人から学べば、楽にスキルを高められる

という2つの結論です。

例えば、人前で話すのが苦手な人。落語家に教えてもらうのも一つの方法です。本格的な弟子入りは難しくても、落語教室などで教えている噺家さんは大勢います。

落語家は、普段は無口な人も、もともとあがり症だった人も結構多いと聞きます。

でも、高座に上がると饒舌になる。数をこなして度胸がつくというのもあるんでしょうが、毎回話すことが決まっていたら、意外と人前でも話せるのかもしれません。

だったら、落語のようにプレゼンの台本をつくっておけば、苦手がちょっとは克服できるかもしれない。

こういう弟子入りアプローチは、よくある話し方教室やコミュニケーションのセミナーより、よっぽど役立つ可能性はあります。

最初に一流の人に習うのは、確かに負荷がハンパなくかかるし、しんどいかもしれない。だけど、短時間で身に着けられるから、後が格段と楽になるんです。

それに、苦手なことを好きになる必要なんてありません。

僕もいまだにコーヒーは苦手。だけど、おいしいコーヒーの淹れ方を知っていれば、苦手でもなんとかなるのです。

人前で話すのを好きになる必要も、得意になる必要もなく、仕事で必要なときだけできるようになればいいということです。

身近に学べる人がいないと思っているなら、自分の眼が曇っている可能性もあります。

すごい人のすごさに気付けるのって、自分には何が足りないかをわかっていて、学びたいという気持ちや、謙虚な気持ちがあるからだと思います。

それがなければ素直に教われず、進歩しないでライオンに食われてしまいます。

自分の成長が頭打ちになっていると感じたら、自分の中の固定観念やウェイト＆ストップ思考に気づいて、壊さないとそこから先には進めないのです。

次の章では、マヨネーズ理論ですごいやり方を丸パクリする際に、特にオススメしたいアルバイトについてご紹介します。

まとめ

★すごい人のやり方を丸パクリすれば、最速最短で成長できる。

★「無」の状態になって、相手を信じて一体化し完コピする。

★何年かけてでも「この人から教わりたい！」という師匠を探す。

★師事したい人に「僕の情熱はあなたより上だ」と熱意を見せる。

★丸パクリしたら四次元ポケットから取り出すように使いこなす。

第3章

MBAより成長する休日バイト

理想郷はサイゼリヤにあった

「ミシュランの星付きシェフがバイトに来るって本当かよ？」

2017年4月、サイゼリヤ五反田西口店はザワついていたようです。

それは、僕がサイゼリヤでのアルバイトを始めた日です。

僕はと言えば、人のお店で働くのはCafe&Meal MUJIに勤めていたとき以来なので、7年ぶり。初心に返ってワクワクしていました。

「よろしくお願いします！」とその場にいた店長さんやスタッフに頭を下げると、「それじゃ、さっそく仕事の説明をするね」と店長さんに店を案内してもらいました。

最初はレジ打ち、その後ホールや洗い場の回し方を教えてもらいました。

もう、驚きの連続でした。

サイゼリヤは高校生でもバイトができるように、とにかく作業がシンプルで、本当にムダがない。たった数十分の説明とOJTでだいたいの業務がステップアップできるようになっていたのです。

例えば、サイゼリヤではｉＰｏｄ Ｔｏｕｃｈを注文の端末として使っていて、オーダーをとりながらスタッフが打ち込んだら、そのデータがＰＯＳレジに届きます。会計時にはレジで伝票のバーコードを読み込んでお金を入れれば、おつりは自動で出てきます。伝票を見ながらメニューごとに料金を打ち込んで、お客様から受け取った金額をレジに打ち込んで……なんて細かい作業はショートカット。これなら誰でもすぐにできるので、「いいなあ、このシステム」と羨ましく思いました。


サイゼリヤは店では包丁は使わないのは有名な話。

全て下処理済みの材料が店に届いて、キッチンではパスタをゆでたりグリルで温めたり、カットされたサラダを盛り付けるといった作業だけになっています。だから、キッチンを1人か2人で回せるし、料理が未経験でも短時間の研修でキッチンに立てるという合理的なシステムです。

もちろん、ラッセのような高価格帯のレストランではマネできません。でも、ツールの置き場所や料理をスムーズに提供する動線など計算されつくしていて、仕組みやマネジメントのレベルが群を抜いていることはわかりました。

何より、僕が衝撃を受けたのは、サイゼリヤには上下関係がほぼないところです。

高校生からシニアまで、さまざまな年齢、立場の人が一緒に和気あいあいと働いているので、「なんなんだ、この楽しい世界は！」と感じました。

当たり前といえば当たり前だけど、店長さんが丁寧に仕事を教えてくれたことにも、僕は内心感動していました。

僕がずっといた高級店の世界では、「仕事は盗んで覚えろ」が常識。仕事をロクに教えてもらえないし、先輩は常に上から目線で下にいばり散らしていました。

ところが、サイゼリヤでは高校生でも「こっちのお皿から洗ったほうが早いですよ」なんて教えてくれる。僕がモタモタしていても怒鳴られることはないし、手を貸してくれる。働きやすい職場とはこういうものなんだ、と僕は感動のあまり涙ぐんでしまったぐらいです(笑)。

その日の夜、僕は今までの自分の行動を振り返りました。

今までに修業してきた店では、厳しい職人の世界と言えば聞こえはいいけど、不条理で不合理なやり方がまかり通っていました。本当は、僕はそんな世界が大嫌いでした。

だからイタリアに渡り、8年間がむしゃらに働いて誰にも文句を言われない世界を勝ち取った。でも、いつしかそんな思いは忘れてしまっていた。僕も先輩たちと同じように、スタッフに丁寧に仕事を教えないし、「黙ってオレの言うことを聞いていればいいんだ」的な考えに支配されていました。

その結果、スタッフは委縮していつまで経っても仕事を覚えられないし、僕の顔色を窺うようになっていました。ピリピリしたスタッフたちがお客様の前で喧嘩して、それが不快だったというレビューがグルメサイトに投稿されたこともありました。

僕は、それはスタッフのメンタルが弱くて、力量がないからだと思っていました。

チェーンストアを指導した経営コンサルタントの渥美俊一先生は、店舗や事業がうまくいかないのは全て経営者の責任だと言っています。人が定着しない、殺伐とした生産性の低い構造をつくった僕が全部悪かったんです。

スタッフにも幸せな人生を送ってもらいたいと思っていた、かつての僕の理想郷がサイゼリヤにはありました。

外の世界に飛び出してみないと、自分のしていることはなかなか客観的には見られないものです。今いる環境とは違う世界に身を置いてみると、たくさんの気づきが得られるのでおススメです。

幸せを追求すれば仕事の生産性は上がる

実は、僕がサイゼリヤでバイトしようと決めたのは、店の経営が行き詰まっていて、突破口を見つけたかったというのもあるのですが、もっと大事な理由があります。

僕は、人を幸せにしたいんです。

僕とかかわってくれる人を幸せにする仕組みをつくりたいのです。

こんな話をしたら、怪しげな自己啓発っぽく感じるかもしれませんが、僕は毎日幸せに生きているのか自分自身に問いかけています。「幸せ至上主義」なのかもしれません。

世の中の経営者やリーダーは、社員を幸せにするような仕組みをつくらなければならないと思います。その企業は必ず生産性が上がり、売上が上がります。

仕事の生産性を上げるには、幸せであることが一番です。幸せなら、気分よく補い合いながら働いて、チームとしての全体最適を図れるので生産性が上がります。一方で、生産性が上がれば上がるほど、時間的にも精神的にもゆとりができてみんながより幸せになります。

この好循環を実現させているのがサイゼリヤです。

ミシュランの星を獲るような店は、いわゆるブラック企業のようなところが多いです。朝からずっと仕込みや料理に追われて、営業時間が終わっても新作メニューを考えたり、次の日の仕込みをしたり、深夜にようやく家に帰れる。睡眠時間は2〜3時間でまた出勤、なんてこともざらです。

そして、常に「星を落としたらいけない」とプレッシャーにさらされているので、メンタルも体力も全部削られる。

もはや、お客様のために料理をつくっているのか、星のためにつくっているのかわかりません。そのプレッシャーに押しつぶされてしまうシェフもいるほどです。

そんなやり方では、シェフもスタッフも幸せにはなれません。

「それに耐えられるのが一流だ」みたいな風潮もあるけど、僕はラッセの経営がうまくいかなくなってから、「本当にそうなのか?」と考えるようになりました。

サイゼリヤの基本理念は「人のため　正しく　仲良く」。僕はこの社是が大好きです。

サイゼリヤも残業はありますが、必ず週に1回の休みはもらえるし、店長が威張り散らしてないからスタッフの仲はいいいし、ホントに社是の通りです。

それに、スタッフの負担を減らすために、徹底的に仕組みを考えています。例えば、業務用の厨房では、グリストラップという油脂や残飯、野菜くずなどが下水に流れるのを防ぐ装置を設置しなくてはなりません。この装置の掃除は大変で、僕の店では週3回3時間かかっていました。

ところが、サイゼリヤは週1回、9分でできるような掃除の仕方をしています。それどころか、掃除をしなくていいグリストラップも開発してしまったのです。

3時間も油でギトギトになった装置を掃除するのは、僕だって苦痛でしかありません。皆さんもそうでしょうが、イヤイヤやっている仕事は、さらに生産性が落ちます。ストレスもたまって、皆で掃除を押し付け合う始末です。

それが9分で済むなら、楽勝です。残りの2時間51分は休憩してもいいし、自分の技を磨くために勉強に使ってもいい。そっちのほうが、幸せじゃないですか？

そして、幸せになったら仕事が楽しくなるから、仕事のスピードも上がる。一人一人の仕事の生産性が上がったら、店の売上も上がる。そんな好循環が生まれます。

僕はサイゼリヤで、人を幸せにする仕組みをたくさん学びました。それを自分の店でも取り入れて、超速で働き方改革をしていったのです。

バイトでリーダーが超速成長

ここまで読んで、「本業があるのにバイトなんて無理」「バイトする時間もないし、体力もない」と感じた方は多いと思います。

でも、休日にビジネススクールに通っている人、いますよね？　趣味の習い事をしたり、セミナーやワークショップに行くこともありますよね？

そもそもＭＢＡのビジネススクールに通うより、よっぽどアルバイトのほうが成長できると思います。もちろん、広く浅く知識を身に付けたいならよいのですが、今の仕事に即したすぐ役立つ知識や経験はＭＢＡではなかなか得られないでしょう。

僕のレストランの課題は生産性と仕組み化でしたので、「より良い方向に変化し続ける」ために、その点で最高峰のサイゼリヤでバイトをしました。

そこで学んだことをレストランに取り入れたら、生産性が約3・7倍になって増益。スタッフの給料が上がったことはもちろん、バイトでお小遣いももらえちゃいました。

本当に、いいことずくめなんです。

僕がサイゼリヤでバイトをしていることを知ると、「なんでまた、そんな店で？」と反応する人は多くいます。

それはサイゼリヤを下に見ている証拠です。ミシュランガイドに載るような高級レストランが上位にあり、サイゼリヤやガスト、すかいらーくなどが下位にある。

それは価格帯の違いであって、飲食業としての本質はまったく変わりません。

その本質とは、「食で人を幸せにする」ただこの1点に尽きます。それは星付きレストランもサイゼリヤもまったく変わりません。

僕は星付きシェフの驕りや固定観念をバイトで手放すことができたんです。
慢心や固定概念は成長を妨げ、判断を鈍らせます。サバンナ思考的に命とりです。

あとは、ただバイトであるということで下に見られることもあります。正社員が上位にあり、アルバイトが下位にある。

バイトでは僕は一番の下っ端ですが、社会人としてある程度経験を積んだ人間が「下っ端になりきる」のは、ものすごく大変です。

学生に注意されたら、それだけでカチンとくる人もいそうですね。

僕はバカだから、そんなシチュエーションすらも楽しんでいます。

バカはムダなプライドがないから、「この子はすごいなぁ」なんて素直に物事を受け止められる。だからこそ、スポンジが水を吸収するように、すごい勢いで学べるんです。

でもバイトって、実はリーダーとしての修業に最適なんですよ。

「先輩」と呼ばれるようになったら、それだけで自分は立場が上のように思えますし、「課長」なんて肩書で呼ばれたら、自分は人間的にも特別なんだという勘違いが生まれそうです。「先生」などと呼ばれたら、自分を見失わないほうが難しい。

そうならないようにしていても、気が付かない間に慢心や過信は、心に巣くっています。実はこれ、ウェイト&ストップ思考なんです。

驕り高ぶらず、思考停止しないためにも、何でもいいから自分が一番下っ端になれる場をつくっておくのは大事です。

例えばゼネコンの社員は、孫請けの土方に仕事を発注しますよね。もしその孫請け会社でバイトをしたら、そこで働く人の気持ちがわかるし、実際に現場がどう動いているのか体感として理解できるので、きっとよいリーダーになれると思います。

アメリカのドミノピザは、社長が売上の落ちている店や風紀が乱れている店のバイトの面接を受けに行くそうです。末端のスタッフは社長の顔を知らないので、「週に何日入れる？」みたいな会話をするんでしょう。不良社員だったら、「おじさんには大変な仕事だよ？」なんて偉そうな態度を取りそうな気がします。

そして、実際に働いてみる。すると、不良社員が隠れてピザを食べていたり、床に落としたものを捨てずに使っている光景を目の当たりにするのです。社長はそれをずっとメモっておきます。

ただ、水戸黄門のようにその場で「実は私は社長だ！」と正体を明かさないし、後でお白洲に引っ張り出して桜吹雪の入れ墨も見せません。後日、本社にその店の店長や社員を呼んで、再教育するのだそうです。

つまり、末端の人の気持ちに寄り添って再教育するということです。末端の気持ちを知るために自ら末端を体験しているのです。

そこまでしないと、自分とは違う立場の人の気持ちはなかなかわかりません。

バイトはそれを体験できる貴重な場です。

社会人として自分はベテランだと思っている人ほど、バイトをして驕りや固定観念を捨ててみてはいかがでしょうか。きっと新たな成長のステージに踏み出せます。

村山流バイト先の探し方

僕はアルバイトを、原理原則の「より良い方向へ変化し続ける」ための手段として提案しています。
何となくバイト先を選ぶんじゃなく、自分の興味あることをやってみようとか、自分の苦手なことを克服しようとか、何か目標を立ててみましょう。
僕なら、次のような条件で何のバイトをするかを決めます。

①好きなこと・興味があることをする

仕事で自分のやりたいことをしている人は少数です。

だから、自分の理想や子供のころの夢に少しでも近づけるバイトを選ぶのがお勧めです。

僕は子供のころから宇宙が大好きでした。そこで、1年前に福井県の精密部品の基盤をつくる会社に研修に行きました。

福井県は人工衛星をつくるのが盛んな地域です。その部品をつくっている過程とか、管理体制とかを見たくて、社長さんに直々にお願いしました。

僕はあわよくば月でレストランを開きたいという野望を持っているので、宇宙関連の仕事に関心がありました。同時に、正確さをとことん求める精密機器の世界では、どのような管理体制をとっているのかを知りたかったのです。

工場を見学しながら、僕は刺激をビシバシ受けていました。

取引先企業に協力してもらって、商品一つ一つにバーコードをつけて、納品した瞬間にバーコードをピッとやるだけで検品ができて、バーコードにGPS機能がついているから商品がどこに置いてあるかわかるようにしてありました。もし取引先から「部品の数が足りない」と連絡が来たら、すぐに調べられるようにしているのでしょう。

そういうのを見ていると、ラッセはまだまだムダだらけで、もっとお客様のためにできることがあるなと痛感しました。

そんな感じで、好きなことや興味のあることをバイトで体験してみると、「やっぱり転職しよう」となるかもしれないし、本業のよさを再発見できるかもしれません。

②「やりたいこと」の苦手分野にチャレンジする

僕は中学生のころ、勉強ができない劣等感から友達と話すことが減っていきました。両親とも話さなくなり、とうとう精神科医に連れていかれ、クラスでも陰で噂になりました。

今でも人と話すのはエネルギーが必要です。

でもイタリアでは、お互いに自己主張しながら議論し合わなければなりません。僕の場合は、イタリア時代に無理やりコミュニケーションできるようになったという感じです。

誰でも苦手な仕事は避けたくなりますよね。

でも、苦手だからこそ、気楽にバイトで学べます。

例えば、内気で人と付き合うのが苦手な人は、人と付き合わなくて済む仕事を選びがちです。けれども、どんな仕事でもコミュニケーションゼロではやっていけません。チームやほかの部署と調整しなければならない場面もあるでしょうし、いずれリーダーになって部下を育てることになるかもしれません。

話し方教室やセミナーに通って克服する方法もありますが、僕は実地でないと学べないと思います。教室でいくらロールプレイをしても、それは架空の設定。コミュ障の僕も、社会に出て揉まれて揉まれて、何とかコミュニケーションをとれるようになったんです。

今の会社で失敗しながら学ぶのが嫌なら、他の場所で失敗しながら学べばいいんじゃないでしょうか。

例えばスーパーの試食販売。これは自分から声を出さないと商品は売れません。

最初は足が震えて声をかけられなくても、そのうち興味を持ったお客さんが近づいてきて、試食するかもしれません。そこで一言、二言アピールする、ということを繰り返すうちに慣れてきて、自分から「これ、いかがですか？」と勧められるようになったら上出来です。ちなみに、僕も試食販売のバイト経験ありますが、全国1位になり社員にスカウトされました。

また、クレーム対応などを担当しているのに打たれ弱い人は、パチンコ屋や雀荘でバイトしてみるのも意外といいかもしれません。そういう場に来るのは短気なお客さんが多くて、ピリピリしているのでささいなことで怒鳴られたりします。それに慣れたら、本業でどんなクレームが来ても冷静に対処できるようになるかもしれません。

強制的に苦手なことを克服する手段なのでハードルは高いですが、その経験は絶対にムダにはなりません。荒療治ですが、挑戦してみる価値はあると思います。

③上場企業の「勝ち残る仕組み」を学ぶ

今勤めている会社が上場企業であったとしても、他の上場企業でバイトしてみるのをオススメします。

上場企業は会社ごとに仕組みやルールをきちっとつくっているところが多いと思います。ユニクロなら、ユニクロなりのレジや接客のルールがあるはず。そういうのを知れば、上場企業はなぜ上場できるのかがわかります。

すでに効果が証明されている「勝ち残る仕組み」を身をもって体験することは、ものすごい学びになります。あなたの仕事に応用できれば、今までの何倍も活躍できるようになるかもしれません。僕がサイゼリヤで学び、レストランを改革できたのと、同じように。

正社員になりたい人は、無印良品もオススメです。店舗のバイトを数年続ければ、社員になるための試験を受けられます。正社員になるところまで考えてなくても、ファンなら実際にお店で働いて無印ワールドを体感してみるのも面白そうです。

それに、無印良品にはＭＵＪＩＧＲＡＭというマニュアルがあって、バイト初日の人でもそれを見れば作業をできるようになっています。在庫の管理の仕方とか、クレームの対処の仕方も仕組みがつくってあって、ムダなものが何一つない。そういう仕組みを学ぶためにバイトしてみるのもアリでしょう。

バイト前の準備で効果１００倍

僕は、バイトは楽しく、気軽にやってほしいと思います。本業ではないので、最悪クビになってもなんの影響もありません。

ただし、「働けば何かしら学べるだろう」と受け身の姿勢でいたら、たぶん何も吸収できずに終わります。

だからこそ、バイトで経験したことを自分の血肉にできなかったらもったいない。バイトを通して気づいたこと、学んだことは本業で活かしてこそ、費用対効果は2倍にも3倍にもなります。何も考えずにダラダラと流れ作業的に仕事をこなすぐらいなら、ムリして働く必要はありません。

一分一秒もムダにできない。

僕はいつもそんな想いで生きているし、バイトをしている最中はアンテナを張り巡らせて、全身で情報を拾おうとしています。

バイトで学んだことを血肉にするためにも、事前の準備は大事です。

僕はサイゼリヤの創業者の正垣泰彦会長の本を何冊も読んでいるし、正垣会長が影響を受けた渥美俊一先生の本は62冊読み込んでいます。

働く前にサイゼリヤがどういう店なのかを知ったうえで入ったから、「本で書いてあっ

たのはこういうことか！」とスルスル理解できました。

何の準備運動もないままプールに飛び込んだら、おぼれてしまうかもしれません。やっぱり、社会人が新たな世界に飛び込むときにも、準備は必要だと思うんです。

何十冊も本を読む時間がないにしても、その会社のトップの講演会に行ったり、ネットでインタビュー記事を読むだけでも、情報はかなり拾えるはず。

そのうえで働いてみたら、情報の吸収の度合いが全然違います。これも超速で成長するための方法の一つです。

バイト先選びでは、自分の考えと企業文化や理念が似ていることが重要です。

例えば、「人の役に立ちたい」と思っているなら、それを理念に掲げている会社を選ぶと刺激の受け具合が違います。

清掃スタッフはハードワークですが、「世の中からゴミがなくなって、日本中が綺麗になって、人々の人生を豊かにするために掃除する」という理念の清掃会社で働いたら、学びが多そうです。

「仕事で社会貢献もできる」という気づきを得られるんじゃないでしょうか。

「お金を儲けたい」「成功したい」という志でも全然かまいません。

そういう志を持っている人は、例えばソフトバンクでバイトするとハマる気がします。ソフトバンクは、今1兆4000億円も、めちゃくちゃ赤字を出しています。それをこれからとてつもないエネルギーで立て直していくと思うので、マイナスのぐしゃぐしゃからの復活劇が経験ができるわけです。

たとえ街のスマホショップで販売員のバイトをするとしても、社員づてにそういう情報は入ってくるので、生の情報に触れられると思います。

孫正義社長は会社を立ち上げたばかりのときに、「この会社は、そのうち売上を豆腐屋のように1兆2兆と数えるようになる」と社員に話して、呆れた社員が去っていったというのは有名なエピソードです。世界一の企業になるという志を掲げて突き進み、実際に何兆も稼げる会社になりました。

そんな会社のエネルギーを肌身で感じたら、自分の成長も加速するはず。

バイトを始めてすぐに全速力で走り出すためにも、事前の準備は不可欠です。

成長を約束する3つの鉄則

僕はサイゼリヤでは一番下っ端の立場です。

サイゼリヤではバイトにランクがありますが、僕は週に1回ぐらいしか入れない最弱のスタッフなので(笑)、ずっとランクは低いままです。

僕にはそんな立場が心地よい。

上司は高校生なので、向こうは45歳のおじさんに指示を出すのはやりづらいかもしれません。でも、自分で言うのも何ですが、僕は何でも「ハイ」と素直に従って、何かするときは「この作業を先にやっていいですか?」と確認するので、実に使いやすい下っ端だと思います。

サバンナで下っ端はリーダーに従うのは当たり前。僕は自分の店ではリーダーであっても、サイゼリヤでは群れに入れてもらっている立場だから当然です。

ここで、社会人がMBA代わりにバイトするときの鉄則をお教えします。

鉄則① 自分を消して歯車になれ

前項で「バイトをしているときは受け身の姿勢でいたらいけない」と言いましたが、働いている最中は完全に歯車になるべきです。

なぜなら、そうしないと自分の知識や経験をその場でひけらかしてしまうからです。考えてもみてください。

昨日今日入ったばかりのバイトが、「俺だったら、この作業はこうします」なんて言ってきたら、誰でも「何も知らないくせに大きなお世話だ」と思うでしょう。

バイト先にはその会社なりの仕組みやルールが出来上がっているので、そこに完全に組み込まれるほうがいい。 それができない人にバイトはオススメしません。自分の社会経験を生かそうと思っているなら、やめたほうがいいです。

僕もサイゼリヤには学びに来ているので、星付きシェフ村山太一のスイッチは完全にオフにしています。サイゼリヤの仕組みを肌でも頭でも吸収しなきゃならないので、「俺だったら〜」なんて余計な考えが入り込む隙はありません。そんなことを考えている時間があるんだったら、お客様を満足させることに没頭したほうがいい。

それでも、仕事が終わって、「今日は大変だったな」と振り返っているときに、「あのやり方はすごかったな」「ああいう場面では、もっといい方法があるかもしれない」と気づいたことが次々に出てきます。それを自分の本業で生かせれば上出来です。

鉄則② 完全にマニュアルに従え

飲食店や接客業では、たいていどこでもマニュアルがあります。

口角を上げる角度まで決まっていて、目尻を下げる笑いをしなきゃいけないとか、相手の目を一瞬見てニコっと笑って安心させるとか、色々と細かいことが書いてありますが、僕だったら誰よりも一生懸命にそれをやってみます。

マニュアルと一体化するほど没入すると、雑念がなくなりどんどん楽しくなってきます。

鉄則③ たくさん失敗しろ

バイトを徹底的に楽しむためには、全力で取り組むのと同時に、怒られるときは本当に怒られなきゃいけないと、僕は思います。

たとえ学生に怒られても、自分より経験が浅い社会人に叱られても、その場で自分が一番下っ端なら、上の人の言葉は謙虚に受け止めなきゃいけません。僕は、僕以外は全員先輩だと思いながら働いています。

こういう場面でこそ、バカであることは大事です。自分は何もわからないからと素直に教えを受ける心を持ち、人のために無心で働けることが、僕の考えるバカです。

バカになるには、これまでの経験や実績を脇に置いておくこと。

自分が気持ちよく働くためにも、真剣勝負でなきゃいけません。そのためにはプライドを脱ぎ捨てて、たくさん失敗して、たくさん怒られる覚悟を持っておくことです。

人は努力して何かを達成し、成功体験を積み重ねていくと、それが自信になります。けれども、それは傲慢や思い上がりという副作用があることを忘れてはいけません。それでつぶれていくシェフも結構います。

人は、「これでいい」と思ったところから衰退は始まります。現状維持なんてもってのほか。だから学びのチャンスを最大限に生かさなくてはなりません。

それに、社会人になってそれなりに経験を積むと、怒ってくれる人はいなくなります。誰かに怒られる経験は初心に返れて、「自分は新入社員にもっと丁寧に教えよう」と気づくこともあるので貴重な体験になります。

サイゼリヤのすごい生産性

サイゼリヤでは、160席をたった5人のスタッフで回しています。

これには人生最大の衝撃を受けました。

内心、「5人!?　絶対ムリムリ」と思っていたけれど、全然大丈夫でした。

開店は11時からなので、1時間前にキッチンとホールの各1名が店に入ります。キッチンの担当者はご飯を炊いたり、コーヒーメーカーやドリンクバーの備品を補充したり、お皿をセッティングしたりします。ホールの担当者はフロア全体とトイレの掃除を30分ぐらいで済ませます。

その間に店長は看板メニューのミラノ風ドリアの前年の売れ行きを見て、その日の天気や店の近くでイベントがあるかどうかをもとに、今日はどれぐらい売れるかの予測を立てます。それに沿ってベシャメルソースとミートソースとご飯をどれぐらい用意しておくのかを決めるのです。

11時の開店と同時に、お客様が次々と訪れます。

キッチン担当は、食材をオーブンに入れたり、パスタをゆでたり、料理をつくる合間にお皿を洗ったり、クルクルと動き回ります。ホール担当はお客様を案内したり、料理を運んだり。忙しい時間帯はともかく、普段は4人で十分対応できました。

そのムダのない仕組みに、僕はホレボレとしました。

星付きレストランは、僕の肌感覚だと2席あたりスタッフ1人程度が必要になります。ラッセは24席あったので、12人スタッフを雇っていましたし、そういうもんだと思っていました。

サイゼリヤでバイトを始めたころは9人。それでも足りなくて、「もっと雇わなければ」と考えていたぐらいです。

サイゼリヤのすごいところは、一皿あたり0・1円単位でコスト削減や品質改善の努力を怠らないところです。

10秒かかっていた作業を1秒減らすために、細部にわたって合理的に最短で働ける設計が至るところでしてある。そしてそれが常にアップデートされている。

例えば、レストランは通常キッチンは総店舗面積の3分の1がセオリーですが、サイゼリヤは5分の1です。それでも営業がちゃんとできるように、キッチンでの作業内容が設計されています。

人の動線も、仕入れ業者が入る場所とスタッフが動く場所が完全に分かれていて、それぞれに最適に設計されています。だから、忙しいキッチンに「まいど～」と仕入れ業者が入ってきて、「ジャマジャマ！」となることもない。

これは単にスペース効率が良いというだけではありません。動きが決まってるから、ミスや忘れることがないんです。

ちなみに本部にはエンジニアリング部と呼ばれる部署があって、スタッフの動きを徹底的に分析し、専用の機材をつくるなどして業務そのものを変えて効率化を進めています。サイゼリヤには、生産性を上げるためだけの部署が存在するのです。

他にも、細かいところでいろいろなルールがあります。時速5㎞以下では歩いてはいけないし、お皿やグラスを下げるときに何をどっちの手で持つか、下げたお皿を洗い場に置く場所と順番も全て決まってます。

そうやって小さなカイゼンを何百回も何千回も重ねるのがサイゼリヤ流です。

サイゼリヤをヒントにレストランを改革

この時、僕は「ラッセも少人数で店を回していけるのでは？」と思い至りました。

それから、ラッセの大改革が始まります。

バイトで体験したことは、店のスタッフにすぐに「サイゼリヤではこんなことをやってるんだよ。すごくね？」と話しました。

それから、ラッセでもできるかどうかを検討。1日に1個ずつでも改善しようと、どんどん取り入れていきました。

2つの方向性がありました。

1つ目は、ラッセの内装や間取りに合わせて新しい設備を導入すること。すでに紹介したグリストラップの清掃や、洗浄ラックに合わせたオリジナルのお皿の開発などです。

そして2つ目は、作業効率の改善をスタッフ一人一人に考えてもらうこと。僕一人でやるには限界がありますし、そんなのチームじゃありません。例えば、2往復する必要があった作業を1往復でできるようにしました。あとは、モノの置き場所を見直すことで、手を伸ばさなくても目の前で作業が完結するように工夫をしました。

サイゼリヤに素晴らしいお手本を与えてもらったことによって、その考え方を取り入れつつ、同じ方向を目指していったんです。

サイゼリヤでバイトを始める直前、若い子が辞めました。彼には朝から晩までずっと洗い物をしてもらっていたので、専任でやる人のいなくなった皿洗い作業を、これを機に徹底的に見直すことにしました。

まずやったのは、営業中も手が空いた人がこまめに洗っていく方法です。でも、それはフロアにいるお客様へ目が行き届かなくなるという不都合が生じました。

次に、営業中は洗い物は全部ほっといて料理とサービスに専念し、最後にまとめてやるようにしました。効率は上がったけど、結局たまった洗い物には時間がかかって、深夜まで店に残らなくてはいけない状態が続きました。

そこで、ワイングラスを置くためのラックを買い足しました。多い日は1日で200個のワイングラスを洗っているんですが、その全てを置けるよう、ラックを9個買い足して全部で12個にしました。

さらに、ワイングラス30脚を純水で一度に洗える洗浄機も購入しました。純水で洗うと、グラスに水あかがつかないんです。

洗ったグラスは全てラックに置き、自然乾燥させたものがそのまま使えるようになりました。拭いて棚にしまう手間が省けて、劇的に効率が上がったんです。

また、それまではワイングラスを裏方に置いていましたが、それだとホールスタッフは注文を受けてからグラスを取りに行って戻るという動作が必要になります。そこで、客席にもグラスラックを設置したら、労働歩数が減って、その分時間が生まれました。

終業後に3時間かかっていた洗い物は現在20分まで減りました。ラックは1つ6000円。9つで5万4000円ですが、人件費を考えたら数日でペイすることになります。

こうした工夫を、あらゆる業務で積み重ねていきました。

あとは、やらなくていいことをやめました。

毎日、テーブルクロスはアイロンがけしていたのですが、しわのばしスプレーと手袋で済ませるようにしました。おしぼりも袋から取り出してきれいに折っていたのですが、それもやめました（これは不衛生でもありました）。重たくて高そうなフランス製のお盆を、軽い木のお盆に変更したら、料理を出すのがだいぶ楽になりました。

短縮して生まれた時間で、他のサービスをする。そうやって、同じ作業をするにしても、効率のいい方法を考えると、劇的に作業時間は減っていきました。

こういう改善の積み重ねが、生産性を高めていくんだと実感しました。

これはレストランだけではなく、あらゆる業種に応用できるんじゃないでしょうか。

優れた仕組みを持つ企業でバイトすれば、本業の改善ポイントがどんどん浮かんでくるはずです。バイトするだけで、生産性向上のタネは間違いなく見つかります。

レストランの人時生産性が3・7倍に

改善、改善、改善、とトヨタのカイゼンのように店を改善することに取りつかれた僕は、ある時、重大なことに気づきました。

「うちの店の席数じゃ、利益は頭打ちじゃやね？」と。

その考えに至ったのは「人時生産性」について考えたからです。

人時生産性とは、１日に生じた店舗の粗利益を、その日に働いていた従業員全員の総労働時間で割った数値です。それによって、従業員１人が１時間あたりにどれぐらいの粗利益を上げられたのかがわかります。式で表すと次のようになります。

人時生産性＝お店が1日で生み出す粗利益÷その日に働いた従業員の総労働時間

高価格帯レストランでは、だいたいお店が25席、スタッフが10人というのが一般的です。顧客単価が２万円で１日１回転、原価率が35％。超長時間労働が常態化しているので、１日16時間働いているとすると、人時生産性は２０３１円になります。

飲食業界では２０００〜３０００円くらいが平均的だと言われています。サイゼリヤはなんと倍以上の６０００円を達成している店舗もあるそうです（『サイゼリヤ　おいしいから売れるのではない　売れているのがおいしい料理だ』正垣泰彦著　日経ビジネス人文庫）。

この人時生産性は、そのまま給料に反映されると思って間違いありません。これは定食屋だろうと同じです。だから飲食業界は仕事がハードなのに時給が安くなるんですね。

飲食業の給料はおおむね次のように決定されます。

月の売上が約1200万円としたら、人件費として20％をスタッフに分配します。

都心は家賃が高く、食材費も高級店は高くなります。そのため、生活できるくらいの給料をもらえるのが、料理長、店長、副料理長、副店長、ソムリエ、サブソムリエの6人くらいまで。他のスタッフはもう目もあてられない給料で働いてるのが現実です。

僕が日本で修業していたとき、月給5万円、時給32円。そしてそこから包丁を買わされました（笑）。ちなみに、サイゼリヤは一番下っ端の僕で時給は1100円です。

料亭や高価格帯レストランも今はここまでひどくはありませんが、労働基準法の範囲内であっても末端の子の給料は相当安いです。

これはオーナーが悪いとかそういう話ではありません。「構造」の話です。

話を戻すと、客単価720円のサイゼリヤに2万円のラッセが全然及ばないんです。

これは大問題です。作業の見直しや店のレイアウトを変えるぐらいでは、4000円の人時生産性の差は埋まりません。

そもそもラッセのキッチンの狭さで24席をこなすことにムリがあるんじゃないかと、そのとき気づきました。一番生産性が上がるのはどれぐらいなのかを割り出すと、16～18席がベストだとわかりました。

席数を減らしたら、その分売上は落ちると普通なら考えます。だから、できるだけ多くの席を設けて、それに合わせてスタッフも増やすほうがいい。それが普通のレストランの考え方でしょう。

でも、現に24席で10人以上のスタッフで回していても対応しきれずに、料理を出すのが遅れたりしてお客様を待たせてしまうこともありました。さらにスタッフを増やしたところで、キッチンがパンクするだけです。

お客様の満足度を上げるためにも、席数を減らして、それ以上の売上を求めないことにしました。

アメリカの経営学者のマイケル・ポーターは「戦略の本質は、何をやらないかを選択することだ」と語っています。その通りで、**すべきことばかりに集中するんじゃなく、しないことをまず考えないと、生産性は上がりません。**

席数を減らすとスタッフの労働環境が劇的に改善し、サービスの質もよくなって、お客様の満足度も上がってきたと感じています。

さらに店の改革を始めてから、スタッフは海外に修業に行ったり、他の店に移るために辞めていきました。今までは辞めたスタッフの分を穴埋めするために、すぐに募集をかけていましたが、試しに人を増やさずに店を回してみたのです。

3年前に9名いたスタッフは今、4名になっています。ぐんとコミニケーションも取りやすくなり、店はくるくるとよく回っています。

それに、スタッフは4名でも、就業時間は8時～24時半から10時半～22時に改善。星付きレストランは、朝早くに出勤して終電までという勤務もざらですが、だいぶ普通のビジネスマンレベルにまで近づけることができました。

にもかかわらず利益は過去最高を更新し、2019年の人時生産性は2018年比約3・7倍になりました（P4～5参照）。

それに合わせて、スタッフの給料も1・5倍に上げました。一人一人が正しく努力すれば、自分たちの給料を上げられるんだということを証明できたと思います。

やめる・減らすというのはネガティブなイメージがありますが、実はプラスに転じるための攻めの選択なのです。

ラッセの店内写真。席数を減らして、スタッフが最小限の移動で営業できるようにレイアウトを設計しています。

「気づく力」は成長の促進剤

成長できる人と、成長できない人の違いは何か。

いろんな答えがあるでしょうが、一言で言うと「気づく力」があるかどうかだと僕は思います。

気づく力は、サバンナ思考でもマヨネーズ理論でも、最も重要です。危険を察知していち早く逃げるためにも、鈍感ではいけません。危険な状況じゃなくても、「これだと不便だな」「これだとお客様は困るな」といち早く気づいて対応しないと、お店も会社も人も生き残っていけないんじゃないでしょうか。

マヨネーズ理論で一流から学ぶ場合も、しっかり観察して気づけなければマネることもできません。

ビジネスパートナーの松井さんと奥様の珠江さんからも、「経営者は誰よりも早く気づかなきゃいけないんだよ」と言われたことがあります。

サイゼリヤでバイトして、普段とは違う環境に自分を置くことによって、僕はたくさんの気づきを得られました。バイトをしないままラッセを続けていたら、困難を乗り越えるどころか面倒なことを増やしていたでしょう。

サイゼリヤでは、高校生のバイトであっても気づく力に長けています。

バイトのメンバーでLINEをしているのですが、ある日「冷凍庫に入れる○○容器は下向きに入れると異物混入を防げるので、そうしませんか？」という写真つきメッセージが送られてきました。

この気づく力の素晴らしさ。これは社員が本部にあげて正式ルールになりました。異物が混入して、被害にあうのはお客様です。お客様を守るために異物混入を防ぐのは、まさにサバンナ思考です。

サイゼリヤは学生のバイトのやる気や向上心をうまく引き出していると思います。

そもそも、人生が一番豊かになるのは、自分が好きなことや得意なことをしているときです。自分が好きなことをして、お客様がそれで幸せになって、売上が上がるのが商売の

基本でもあります。

そして、お客様に喜んでもらうためには、自分が好きなことをもっと向上させて、自分の付加価値を高めなくてはなりません。そのためには情報収集力を高めて、誰よりも多く気づかなきゃいけない。

僕は自分の好きなことに没頭し続けるためにも、気づく力を全力で磨いています。僕みたいに3年間もバイトしなくても、読書をするのでも、研修に参加するのでも何でもいいです。

気づきの感度を高めて生き残っていくためには、今何が起きているかを知ること。自分がいる業界や、目指す分野、日本や世界の動きまで、情報を浴びるように入れていくことが重要です。

僕はコロナのときもネットサーフィンをして、海外の医学関係の記事を読みました。気づきを得るためには、自分の頭の中を空っぽにしておくのがコツです。頭の中の水がいっぱいだと、新しい情報を入れられません。

頭の中を空っぽにしておくと、変な先入観や固定観念にとらわれずに物事を見られるし、情報で頭でっかちにならずに済みます。だから気づく力も働くようになる。

人間の頭の中は、知識をためこむふうにはできていないそうです。一度脳に入った情報や知識は、一度必ず抜けてしまって、それがふとしたきっかけで、電気信号で記憶が再生される。なんかの拍子で子供のころの記憶がぽっと戻ったりしますが、それと同じです。

そんな感じで、情報は頭の中にためるのではなく、流してしまえば、常に空っぽにしておけます。

手数料ビジネスから自由なサイゼリヤ

ネットフリックスや定額音楽配信サービスのSpotify、ゲームの定額サービス、ライザップなど、サブスク（サブスクリプションの略：毎月、定額料金を払うサービス）は皆さんも利用しているでしょう。

サブスクはサービスを提供している企業がユーザーを囲い込むのを目的としています。

例えば、個人ユーザーがお店を評価する「食べログ」も、掲載される店が毎月支払う料金によってサービスの内容が変わります。

だから、店側も「食べログ」に料金を払わないとやっていけないと思ってしまう。

これはウェイト&ストップ思考です。手数料をとられることを、当然のこととして受け入れている。だから利益率が上がりません。

サイゼリヤの強いところは、サブスクから自由であることです。

もちろん、POSレジのように外部に料金を払って利用しているサービスもありますが、自社で農場や工場があるので、自前のものが多いんです。

それに、サイゼリヤはグルメサイトに手数料を払っていません。そんなことをしなくても、お客様は1年間に1億3000万人以上も訪れます。

僕はサイゼリヤのように、サブスクへ手数料をなるべく支払わない、自由な経営がしたいと思って、グルメサイトに1円も手数料は払っていません。

やっぱり仕組みを利用するんじゃなく、つくる側に回らないといけないんだと、ひしひしと感じます。

サイゼリヤの看板メニューの一つ「エスカルゴのオーブン焼き」はおそらく日本で一番おいしいエスカルゴです。大粒で、香りがあってやわらかくて、もう最高です。

それなのに、値段は、なんと400円。マジで安すぎます。

僕らのような高級レストランは、水煮されたエスカルゴをフランスから輸入するルートしかありません。これがガチガチに硬い。いくら高い技術をもって調理しても、限界があります。もちろん生のエスカルゴを養殖しているところもありますけど、サイゼリヤみたいに大きくないんです。

星付きレストランでエスカルゴのオーブン焼きを注文したら、おそらく2000円はするでしょう。完敗です。

なぜこんなことができるのか?

答えは、サイゼリヤ自身が生産者だからです。エスカルゴだけでなく、ハンバーグで使うビーフも全てサイゼリヤが生産しています。

オーストラリアに牛の農場があって、農場の隣に加工工場があって、隣に冷凍庫があって、流通も自分でやってるんです。白河の自社農場でつくっている野菜だってギリギリまで低農薬で育てていて、お客様の健康を考えてつくっています。

ワインもイタリアのワイナリーにつくってもらって、直輸入。スパゲッティやオリーブオイル、プロシュート(生ハム)、チーズなどもイタリアのメーカーと組んで開発して輸入しています。

お客様を満足させるために、そこまでしているから、サブスクから自由でいられるのでしょう。

僕もサイゼリヤを見習って、全国の農家や漁師、酪農家と自前のネットワークを構築して、なるべく直接取引をするようにしています。

高級レストランの味と、サイゼリヤの生産性、両方を兼ね備えた店にするために、現在も研究と改善を継続中です。

このように、バイトをするだけで超速で成長できるんです。やらないと損だとは思いませんか?

次の章では、サイゼリヤでの最大の学びとも言えるチームマネジメントについてお話しします。

まとめ

★幸せなら気分よく全体最適を図りながら働けて生産性が上がり、生産性が上がればゆとりができてより幸せになる。この好循環を実現させているのがサイゼリヤ。

★バイトは今の仕事に即したすぐ役立つ知識や経験が得られる。あえて下っ端を経験することでリーダーとしても成長できる。

★優れた仕組みを持つ企業でバイトすれば、本業の改善ポイントがどんどん浮かんでくる。

★バイトするときは、自分を消して歯車に徹する。経験や実績を脇に置き、素直に教えを受ける心を持つ。

第4章 幸せでフラットなチームが最強

高級レストランらしくないチーム術

僕が理想としているのは、文化祭みたいなチームです。

どんなに大変なことがあっても、楽しい。

いろいろな工夫をすることが、楽しい。

みんなで働くことが、楽しい。

上下関係もなく、差別をつくらない。みんながチーム全体のことを考えているから、お互いにフォローし合えて、いつも全体最適になっている。

そして、生産性が高い!

なんでも言い合えるし、仕事ができない人すらも認めている。

今、それが実現できています。

ラッセのチームは、基本的にはいわゆる高級レストランとは真逆です。

というよりも、サイゼリヤでのバイトを機に、高級レストラン特有の慣習は徹底的に見直したんです。

かつてのラッセは僕が王様でしたが、今は真逆でフラットな組織体制にしています。僕がオーナーシェフで経営者ではあるのですが、気持ちとしては皿洗いです。王様をやめたら人時生産性が約3・7倍になったんです。僕がたどり着いたのは、次のようなチームでした。

①上下関係がない

ラッセでは、大幅な権限移譲をしました。

一般的な高級レストランでは、キッチンではシェフが、ホールでは支配人が全ての権限を握っていて、他のスタッフは駒のように動く。絶対的な上下関係が常識でした。ホールでの接客は、基本的に全て支配人が行います。他のスタッフがお客様から声をかけられても、「少々お待ちいただけますか」とお客様に伝えて、待っていただかなければならないこともあるんです。

でも、ラッセではそれをやめました。未経験で入ったばかりの子でも、きちんと仕事を教えたうえでですが、接客してよいことにしました。

キッチンでも、シェフが全てのメニューを決めて、全ての料理の味見をするのが普通です。スタッフの腕前がどんなに良くても、基本的に上下関係は超えられないんです。

ラッセでは、僕の許可なくメニューを決めたり、味見なしで出してもよいことにしました。もちろん、それだけの腕前があるという判断があってのことです。

うちの店では、誰が偉いっていうのはないんです。みんなが偉いんです。

②セクション間の垣根がない

一般的な高級レストランでは、ホールの仕事とキッチンの仕事ははっきり分かれています。どちらかが忙しくても、お互いに手伝うことはあまりないんです。

でもラッセの場合は、キッチンのスタッフがテーブルまで料理を届けに行ったり、ホールのスタッフが皿洗いをするなど、忙しいときのフォローを徹底しています。

③常に全体最適

ラッセでは、自分が楽をするとか得をすることではなくて、常にチームにとって何がべストかをスタッフ全員が考えてくれています。

スタッフ間では常に、ホールとキッチンの接点のところで、めちゃくちゃ密にコミュニケーションをとっています。

今お客様がどんな状況なのか、どうしたら喜んでいただけそうか、料理がいつできるのか、何か問題が起こっていないか、起こっていればどう対処するのか、などなど。

ひたすら声を掛け合って、頭の中を同期(最新情報の更新・共有)しているような感じです。同期できると、こんなこともできます。19時半のお客様が2組いたら、お客様にご不便をおかけしない範囲で、料理を出すタイミングをそろえるんです。これができると、キッチンとしてはかなり助かります。

こんなこともできます。4名のテーブルのお客様に、4皿出さないといけない。一人のホールスタッフが2往復して料理を提供することもできますが、キッチンの人間が一人手伝えれば1往復で済むので、ホールに人がいない状態を避けることができる。

自分の仕事だけ終わらせればいいという考え方の人は、ラッセにはいません。

だからシェフの僕でも、手が空けばトイレ掃除をしたり、外出のついでがあれば買い物に行かされたりしています。「シェフお願いします!」と言われたら、喜んでこき使われる大バカなんです（笑）。

④手取り足取り教える

いわゆる徒弟制度のレストランは、背中を見て学べみたいな風潮がまだあります。そもそも教えなかったり、教え方が下手だったりするのに、失敗すれば叱って無意味なプレッシャーをかける。一人前になるまで10年くらいかかることもざらでした。

でもラッセでは、サイゼリヤにならって、手取り足取り教えています。そうしたら、たった半年で一人前に育ってくれました。

こういうフラットでコミュニケーションが密なチームが、楽しいと思えたら成功です。きっとチームの力は爆上がりすると思います。

スタッフを苦しめた完コピハラスメント

このスタイルにたどり着くまでに、僕は相当苦労しました。

吉泉やダル・ペスカトーレなど一流の店のやり方を疑うことなく踏襲したので、キッチンはまさに村山王国。

ラッセのキッチンは狭くて、コンロの背後にはディッシュウォーマーがあります。料理の進み具合を見ながら、洗ったお皿を取り出して盛りつけなくちゃいけないんですが、コンロで料理をつくっている僕をよけてお皿を出さなければいけません。

そこで僕とぶつかると、「ジャマだよ！」と一喝し、焦ったスタッフがモタモタしていると、「おせーよ！」と、とどめの一言で刺す。そんな感じでした。

僕は完コピ以外を許さずに、塩の置き場所を1センチずらしただけでも怒りました。

吉泉で自分がやったように、ルーティンを先回りして全部準備を整えとけと命じて、スタッフには自由度も裁量権も1ミリも持たせませんでした。

僕がナディアと一体化して、表情から感情を読み取り、次に何をつくろうとしているのかを推測して行動していたように、スタッフもできるだろうと思い込んでいたのです。

キッチンのピリピリ感はホールのスタッフにも伝わりました。

ホールのスタッフも僕の顔色を窺い、お客様のグラスにワインや水がなくなっていても、自分で注ぎ足そうとせずに僕の指示を待つようになったのです。

仕方ないから、「あそこのお客様、キョロキョロしてワインを飲みたがってるじゃん、オーダー聞きに行きなよ」と指示を出す。そうやって口を出すと、ますます僕の指示を待つようになる。その悪循環で、スタッフの数は多くても、みんな直立不動で立っているだけ、という状況になりました。

当然、お客様の満足度は下がり、いろんなところでクレームがありました。それでスタッフを怒ると、さらにみんな委縮するという、超速で悪循環を繰り返しました。

僕は三ツ星を獲るためにはそこまでしなきゃいけないんだと、信じきっていたんです。

昔からいた料理長の渡邊が見るに見かねて、「そんなやり方じゃ皆辞めちゃいますよ」と言ってくれていたけど、僕は聞く耳を持ちませんでした。


僕は一流の人を完コピしてきたので、スタッフもきっと僕のことをコピーしてくれるに違いないと思っていました。


でも、そうじゃなかった。

僕がそれに気づいたのはラッセをオープンしてずいぶん経ってからです。

こうやって改めて文章にしてみると、僕は「完コピハラスメント」をしていた迷惑経営者だったな、とつくづく思います。

スタッフはあっという間に辞めていき、ホールもキッチンもどんどん人が入れ替わりました。新しい人を雇うたびにゼロから教え直しても、すぐにまた去っていく。朝お店に来たら、ドアに辞表が挟まっていて、ドアノブに店のカギと保険証が入った袋がかけてあったこともありました。

そんなことが続いて、お店の売上もだんだん下がっていったので、僕はある日立ち止まりました。

「もしかして、オレのやり方、間違ってたんじゃね？」と、目が覚めたのです。


これは仕事人間が陥りやすいワナかもしれません。

「自分ができたんだから、お前もできるだろ？」と当然のこととして求めてしまう。それが相手のためと思っていても、知らず知らず、相手をつぶしているかもしれないのです。

後輩を一人でも持ったら、皆さんもそのときから教える立場に回ります。そこでつまずくことも多いかもしれません。

僕の失敗をマネしないように、皆さんは失敗をショートカットして、いいチームをつくってください。それは自分にとっての大きな成長につながります。

方向性も役割分担もなかった

そもそも、どうしてこんなに末期的な症状になってしまったのでしょうか。

一番の原因は、僕が方向性を示さず、役割分担と裁量の範囲を決めなかったからです。

恥ずかしながら、人を集めればレストランは回ると思っていました。

方針がなければ、当然ながらみんな迷いますし、僕からの指示を待つしかなくなります。

それぞれのやり方でやるしかないので、ムダや対立が生じます。

役割分担がなければ、仕事の押し付け合いや奪い合いが起こります。

逆に言えば、それがあれば目指す方向に向かってその役割を果たしてくれるんです。

今のやり方ではダメだと気付いた僕は、サイゼリヤでバイトを始めました。

そこで職場の雰囲気がよいことに衝撃を受けたと、3章でお話ししました。バイトの仲間とは歓送迎会で一緒飲みに行くぐらい仲良くなり、「何これ。すげー楽しい！」と僕はすっかりなじんでいました。

みんな、普段は和気あいあいとよい雰囲気でも、仕事では手を抜きません。高校生だって、自分の頭で考えて行動している。そういうフラットなチームのほうがはるかに生産性が高いんだと気づきました。

当然ですが、スタッフの目指すべき方向性も、与えられた役割も明確です。さらにサイゼリヤの考え抜かれた仕組みと高い生産性があるので、スタッフが流れるように迷いなく働くことができる。

そうすると、余計なストレスがかからないんです。この条件を満たして初めて、サイゼリヤは「人のために、正しく、仲良く」という経営理念を体現することができるんです。

期待して落胆することの繰り返し

ラッセをオープンしたばかりのころ、有名レストランで働いていた人を支配人として採用しました。

その人は30代後半だったので、年齢給が欲しいと言われました。まだお店の売上は月92万円ぐらいしかなく、自分の給料はゼロだったので正直迷いました。でも、経験者だからと払うことにしたんです。その分、期待に見合った働き方をしてくれればいいと、心のどこかで思っていました。

僕はとことんお客様に満足してもらえる店をつくりたかった。

かゆいところに手が届いて、心の底から感動を味わえるような店。そのためには、妥協は許されないと考えていました。

開店当初は、全然お客様が入りませんでした。

ある日、ランチの予約がゼロで「今日もお客様は来ないかぁ……」と肩を落としていたとき、11時半に一人、予約が入りました。

僕は大喜びで、お客様を迎えるための準備を始めました。すると、支配人は「なんでこんな時間にお客様を入れるんですか？　しかも、一人だけなんて。僕は他にやることがあるんですよ」と怒り出したのです。

あっけにとられて「いや、たとえ一人だってお客様が来てくれるんだから、一生懸命営業しましょう」と言いました。それでも、彼はお客様が来ても不満そうな態度はありありと出ていました。

僕はその日のうちに、2カ月分の給料を払うから出て行ってほしいと伝えました。経験がある人がいいと思って採用したんですが、目指すところが一緒じゃないとチームは組めないと、そのとき悟りました。

とはいえ、今の僕なら、彼を辞めさせるんじゃなく、彼への接し方を変えたかもしれません。

僕もそうでしたが、自分に厳しい人は、人に対しても厳しいところがあります。

一流の師匠たちがそうだったから、一流の世界はそういうものなんだと思っていました。

自分が理想とする人なんてめったにいないもの。

「この人は仕事ができる」と思っていても、一緒に仕事をするうちに、「思ったほど気が利かないな」「ちょっと段取りが悪いな」なんて、悪い部分が目に入ってきたりします。

そして、自分が求めている人ではなかったと決めつけてしまう。

僕も、シェフは腕がよければ店に貢献しているし、そういうシェフが偉いんだと思っていました。イタリアの店はプロがレギュラーを争うためにしのぎを削っているので、そうやってはい上がってくるもんだと、完全にスパルタ思考になっていたのです。

経験者ばかりを雇っていたら、それぞれのやり方を主張してケンカになったこともあります。

仕事ができない人がいたら、代わりに仕事ができる人をチームに入れれば、問題は解決すると思うかもしれません。

でも、たぶん、そうはなりません。

むしろ、仕事ができない人でも活躍できる強いチームにするべきなんです。

自分も欠点や弱点がいっぱいあるように、周りの人にも欠点や弱点はある。それを補いながらやっていけば、チームの力は10倍にも100倍にもなることを、今の僕は知っています。

チームはつくるものではありません。適切な環境を与えて、みんなで一緒に育っていくべきものなのです。

だけど、僕がやっていたのはプロのサッカーチームのキャプテンがサッカー未経験者をいきなり試合に出して、しかもできなかったら叱り飛ばしていたようなものです。

みんなが僕についていてこれないのだと気づき、僕は手綱をゆるめることにしました。ところが、結果的にそれで成長スピードが急速に上がってきたんです。

マニュアルは自走を助けるツール

部下や後輩に自主性を持たせるにはどうすればいいのか?

これは多くのリーダーが悩んでいることだと思います。

あれこれ指示を出したら指示待ち族になってしまうし、かといって「自分の頭で考えて」

と突き放すと、固まってしまう。

それにはやっぱり、マニュアルが最強のツールじゃないでしょうか。

サイゼリヤではマニュアルが充実しています。マニュアルは「自分の頭で考えなくなる」と言われることも多いけど、**マニュアルは現時点で最高の作業効率を再現するための説明書なのです。**

マニュアルがあるからこそ、サービスのクオリティが安定する。何回も繰り返すから、新たな問題点を発見してアップデートすることもできるし、臨機応変に応用したり、一歩進んだことを率先してやることもできる。

そんなマニュアルの絶大な効果を目の当たりにして、「ラッセでもマニュアルをつくろう」と決めました。

ただし、僕がマニュアルをつくってしまったら意味がありません。それは僕がスタッフに命じているのと同じことです。

無印良品のＭＵＪＩＧＲＡＭは、店のスタッフからの意見を吸い上げて、マニュアルに落とし込んでいます。店長でもバイトでも、気づいたことがあったらどんどん提案する仕組みができているのです。

例えば、商品を陳列している棚の角が出ていると、作業がしづらいし、お客様が角に当たったらケガしてしまうかもしれない。それに気づいたスタッフが提案すると、角にテープを貼るといった具体的な解決策がマニュアルに加わります。

トップが一方的につくったマニュアルは現場では使いづらくて、たいてい浸透しないまま終わります。現場の人が気づいたことをマニュアルにしたほうが、使えるマニュアルになるのです。

それに、自分の提案がマニュアルになるほうが、嬉しい。そこで自主性が生まれるのでしょう。


僕はマニュアルを作成するのをスタッフに任せて、使い方もスタッフに任せました。

キッチンのマニュアルは発注の仕方ぐらいですが、ホールのマニュアルは電話の応対やメールのフォーマット、掃除の仕方やオーダーの取り方、おしぼりの巻き方などなど、たくさんできました。

例えば、「ディナー後の掃除と片付けから帰るまで」というマニュアルでは、「最後のお客様が帰ったら即、30分のタイマーをかけ、声をかける」と決めました。

それから、「トイレの電源を切る」「ホールの電気、エアコン、音楽を切り、外の看板をクローズにする」「最後のテーブルの下げものをする」という感じで作業を細かく分けて、誰が担当するかも決めました。

さらに、スタッフは掃除の仕方を細かく写真に撮って、共有できるようにしました。それを見れば、トイレ掃除は洗面所の周りも布で拭く、といった作業が一目でわかります。

すると、みるみる作業効率が上がっていき、もはやタイマーをかける意味はなくなってしまいました。「タイマーをかけて集中して仕事する」というのは、当時としては最善手でしたので、これもマニュアルを超えて生産性が上がった好例かもしれません。


マニュアルをつくるまでは、こういった作業は全てスタッフに丸投げしていたので、経験者同士で「自分の店ではこうだった」と意見をぶつけ合って、バチバチ火花が飛んでました。

それに、電話やメールの対応もばらばらだったので、お客様のクレームもありました。

マニュアルをつくったら、スタッフたちが責任感と裁量権の自由さを手に入れたので、自分たちで仕事をつくっている実感がわいてきて、自走するようになったのです。

行動を制限するように思えるマニュアルで、むしろ自分の頭で考えて行動するようになる。想像以上の効果がありました。

それに、新人スタッフでも常連のお客様に対応できるようになったので、自信も生まれる。スタッフは目に見えて成長していきました。

最終的にお客様のクレームも減っていったので、マニュアルは大成功でした。

ただし、それなりの痛みもありました。マニュアルをつくるには、当然ながら時間が必要です。その時間を捻出するには、誰かが仕事を負担しなければなりません。でも、マニュアルは絶対に必要だったので、かなり無理をしました。

残念なことに、一部のスタッフはマニュアルでのやり方になじめず、店を辞めていきました。でも、今いるスタッフはマニュアルをつくる楽しさに取りつかれたのか、自分たちでどんどん改変していっています。常に「より効率的に作業をするにはどうすればいいのか」を考えているので、マニュアルの改変が追い付かないぐらいです。

立派なマニュアルをつくる必要はありません。

ラッセのマニュアルも、それぞれの作業をＡ４の紙１枚か２枚でまとめた簡潔なものです。

皆さんも、会社にかかってきた電話の取り方やお客様へのお茶の出し方、議事録や企画書の書き方など、チームレベルでつくれるマニュアルもあるんじゃないでしょうか。

みんなで話し合いながらマニュアルをつくる、そのプロセスが自分もチームも成長させるのです。

「答え」ではなく「問い」を与える

あんなにスタッフに指示を出してばかりいた僕も、今はすっかり答えを与えない上司になりました。

スタッフが「シェフどうしましょう？」と言って来たら、「何が問題なの？　どういう状況？」とまず状況を尋ねます。

「お客様から、頼んだものとイメージが違うと言われまして……どうしましょう？」

そう言われたら、「お客様の表情はどんな感じ？　怒ってる？」と、お客様の状態を一つ一つ言葉にしてもらい、状況を冷静に把握してもらいます。

そのうえで、「どうすればいいと思う？」と尋ねる。

すると、「まず、謝ってからお客様の話を聞きます！」と自分で答えを出して、「申し訳ありません。イメージと違っていましたか？」という具合にお客様に対処したりします。

以前だったら、僕はお客様のテーブルにすっ飛んで行って、謝っていたかもしれません。それだと早く解決できますが、スタッフは困ったことがあるたびに僕にすがってくるので、ウェイト&ストップ思考になってしまうのです。


こういったコーチングの手法は、多くの会社で取り入れていると思います。

でも、今でも部下の育成法をテーマにした本がたくさん出ていることを考えると、なかなかうまくいってないのかもしれません。

クレーム対応は、まずその場で謝って話を聞き、解決にもっていくのが一般的です。

ラッセではスタッフを育てることを優先しているので、スタッフに裁量権を与えている以上、まずは見守ります。問題が起こったときに相談に来るのか、自分で解決できるのか、失敗するのかも見ています。

重要なのは、スタッフ本人が失敗したことに気づいていない場合です。本人に問題がある場合は、すぐにコミュニケーションを取って気づかせます。

もし僕自身のマネジメントや仕組みに問題がある場合は、僕のほうで原因と解決策を考えて、後日会議にかけて同じことが起こらない仕組みを考えます。

これを繰り返すうちに、本人は冷静になって解決策を考えられるようになるんです。

そして、答えを与えないこと。

ある日、スタッフがキッチンの棚に食材の袋の口を開けたまま置いているのを見て、「それ、落っこちてくるんじゃない？」と疑問を投げかけました。

こういう場合、「袋を閉じて、こっちにしまって」と答えを与えれば解決します。

でも、それだとスタッフは成長できない。

「なぜそれをしたらいけないのか」「どうすればいいのか」を考えなくなるんです。

袋の口を開けたままにしたら中身がこぼれる、それを棚の上に置いたら、なおさら被害が大きくなる。本当に小さな、ささいなことですよね。

でも、そこに自分で気付かないと、ウェイト&ストップ思考のままなのです。**無意識でやっている小さな行動の連続が、料理人の場合は味という形で大きな差を生み出します。同じ1日を一生懸命仕事しているのに、10年経つと取り返しがつかないほどの大きな差になってしまうのです。**

どの世界、どの業界でも若い子たちは希望と夢を持って来ているはず。ちゃんと導いてあげれば、意識して行動するようになります。

教える側にとってはちょっと面倒な作業で、「それぐらい教えなくてもいいだろ」「教えなくてもわかるだろ」と思いがちです。しかし、それこそマネジメントの落とし穴と肝に銘じなければなりません。

自分の問題意識と相手の問題意識は、必ずしも一致しません。こまめにみんなですり合わせていきましょう。その際、気づきをマニュアルに書き加えて、全員でその場で覚えるのがコツです。

指示や命令に頼るのはやめましょう。

スタッフ一人一人が日々の小さな気づきと行動を積み重ねることでしか、「自分たちで仕事をつくっている」という実感は得られません。その実感こそ、スタッフの成長につながるのです。

自走するチームが一番強い

チームの真価はトラブルが起きたときほど、試されます。

さらに結束力が高まるか、崩れ去ってしまうか。

そこでチームの底力が問われます。


ラッセでチームの結束力が高まってきたときに起きたのが、今回のコロナ騒動です。

僕は店を休業せずに、スタッフと一緒に走り続けることを選びました。

でも、僕よりもはるかにスタッフのほうがたくましかった。

客数を減らして時短営業しなくてはならないので、店内営業だけではやっていけないから、テイクアウトもしなければ……と考えている最中に、スタッフはさっさと菓子製造業許可、惣菜製造業許可などの申請を行っていました。許可を得ないとテイクアウトはできないのです。

この両輪で何とか乗り切ろうと考えていたんですが、4月になるとさすがに空席が目立つようになってきました。

そんなときに、スタッフが外販事業(ネット通販)をしたいと提案してきたのです。うちのスペシャリテ(看板メニュー)の「チーズのラビオリ」を冷凍にして、全国の家庭に届けたいというアイディアでした。

実は、最初は反対していました。あんまり伸びない気がしたんです。それよりも、テイクアウトに注力したほうがいいんじゃないかと思っていました。

でもスタッフはこの事業に将来性を感じていて、レストランとは別の独立した事業として柱にできると主張するので、任せてみることにしました。

すると、保健所とやり取りしたり、店のWEBサイトに通販用のページをつくったりするなどの作業も、自分たちで調べてどんどん動いていた。スタッフは好きなことをしているので努力感はゼロで、楽しそうにラビオリを手作りしていました。

そして、この事業は大当たりして、発売開始5日目で売上の30%を叩き出しました。

僕はと言えば、スタッフにこの新規事業に注力してもらうために、掃除とか雑用をせっせとしていました。お使いを頼まれたら、「行ってきまーす！」と気持ちよく出かけてたぐらいです。

スタッフはいつの間にか完全に自走していて、僕は追い越されつつあります。

料理長の渡邊理奈は、気が狂ってるほど肉の「手当て」という下処理にのめり込んでる滋賀県のサカエヤという精肉店に行って勉強していました。蒸し物の技術を手に入れたいと、日本一点心がおいしい中華のシェフのところに研修にも行っていました。

さらに、2019年の夏にカレーイベントを行っていました。インドスパイスの第一人者、シャンカールノグチさんと組んで、カレーをつくってラッセで提供するイベントで、20代のスタッフたちで企画から当日の運営まで全てこなしていたのです。僕はノータッチ。楽しそうに準備をしているスタッフに任せて、「成長したなぁ」なんてしみじみ実感していました。

ホール責任者の斎藤智之は2週間ごとに、若手のレストラン関係者を集めた無料のワイン勉強会を開催しています。有名どころのワインスクールに通えば半年で40万円近く取られるのを尻目に、齋藤の生徒はソムリエ試験100%の合格率を誇っています。

新人の新井萌未は友人と原宿で古着とサステナブル（持続可能）な料理をコラボした期間限定のポップアップストアを出すという企画を実現させました。それが成功して、今度は斬新なクレープ屋さんをやってみたいとたくらんでいる。

そんな風に、スタッフはいつの間にか自分の〝マヨネーズ〟をつくり始めていたのです。本業をこなしながらなので、それなりに大変です。それでも生き生きとしている。やっぱり僕と同じバカで、好きなこと・やりたいことのためにとことん突っ走るタイプなんだろうなと感じています。

自走するメンバーが集まったチームが、一番強いのかもしれません。

生産性と幸せカルチャーの相乗効果

店では、誰が偉いというのはなく、みんなが偉いんだ。

そう考えられるようになってから、スタッフとは主従の関係ではなく、一緒にサバンナを駆け抜ける仲間になりました。

僕とスタッフは20歳ぐらいの年齢差があります。でも、一緒にふざけて遊んでいる。

「若い世代は何を考えてるかわからない」なんて、おじさんたちのぼやきをよく聞きます。

おそらく、それは垣根をつくってしまっているからでしょう。

そのつもりはなくても、垣根は年齢や経験の差で自然とできているものです。

その垣根は、リーダーのほうから取っ払わないといけません。そして、取っ払ってしまうほうがチームの風通しは断然よくなります。

世の中が自粛ムードでいっぱいだったときも、ラッセは笑い声が絶えない職場で、僕自身救われた想いです。


こういう伸び伸びした、楽しいチームにするために、大切にしていることがあります。

1つ目は、チームの幸せカルチャーです。

人の悪口を言わないこと。人をどんどんほめること。

ピンチでも深刻な顔をせず、胸張って笑顔で、「やべぇ、なんか楽しくなってきた！」と言えること。

スタッフにプレッシャーをかけないこと。窮屈な思いをさせないこと。

しかし、これには前提があります。優れた仕組みと高い生産性があることです。

そこで**2つ目は、絶えず生産性を上げていくこと。**

「もっと集中して仕事しろ」なんて精神論を言ったところで、解決はできません。

精神論はウェイト&ストップ思考に陥っている証拠です。解決策を考えることすらしていません。

とにかく「より良い方向に変化し続ける」ために、チーム全員での「危機感×気づき×即行動」のサイクルを高速で回し、チームの一人一人の生産性を上げていく。

ムダやストレスがなくなって、時間に余裕が生まれると、精神的にも余裕が生まれるので、みんなの表情が変わっていく。

好循環が生まれていき、より幸せなカルチャーが育っていく。

そして、さらに生産性が上がっていくんです。

結局、みんなが仕事を機嫌よくできれば、自然と生産性が高まっていくのです。

皆さんのチームはご機嫌ですか?

といっても、たまに王様の僕がちょっと顔を出して、スタッフの話に口出ししてしまうことがあります。それにスタッフがブチ切れて店を飛び出して、説得して戻ってもらうのに時間がかかりました……。

僕が本気で心配してるからこそ、忖度なしで本音で話すときもあります。

でも、「僕たちを尊重して任せてくれるんだったら、途中で首を突っ込まないで下さいよ」と言われたりして、そのときはぐうの音も出ませんでした……。

僕もまだまだ成長の途中です。

でも、孤軍奮闘していたかつての僕とは違います。今は仲間がいる。

このチームで、宇宙だろうと月だろうと、行けるところまで行ってみたいと思います。

まとめ

★上下関係もなく、セクション間の垣根もないから、お互いにフォローし合えて、チームとして全体最適になっている。

★「背中を見て学べ」は非効率。手取り足取り教えよう。

★目指すべき方向性も与えられた役割も明確で、考え抜かれた仕組みと高い生産性があれば、スタッフが流れるように迷いなく働くことができる。

★マニュアルは現時点で最高の作業効率を再現する説明書。マニュアルがあるからこそ自分で考えて行動できるようになる。

★幸せカルチャーと生産性の好循環をつくろう。

第5章

読書は最強のサバイバルツール

生き残りたければ本を読め

僕たちは人生1回しか生きられません。

そして、人生は長いようでいて短い。18歳で料理の世界に飛び込んだ僕も、今では45歳です。

短い人生を、どれだけ濃密に生きられるか。

どれだけ、より良い方向に変化し続けられるか。

今まで紹介してきたマヨネーズ理論のバイトや弟子入り、一日研修などは実体験として身に付きますが、本業が忙しすぎる人とか、家庭を持っている人は、なかなかそこまでできないかもしれません。

そんな人にオススメなのが、やはり読書です。

僕みたいなグータラな人間にとって、本を買って読むだけという手軽さは魅力です。

本の著者の考え方を理解して丸パクリできれば、ものすごいスピードで成長できます。

読書は人との出会いです。多くのすぐれた著者たちの見方や考え方を知れば、固定観念を壊してウェイト&ストップ思考から脱却できるようになります。

常識に左右されず、物事を多角的に考えられるようになるので、サバンナで生き残っていくための強力な武器になるでしょう。

サバンナでは、常に風下にいる必要があります。風上に立ってしまうと、においをかぎつけたライオンに察知され、食われてしまいます。

風下に立ち、情報という風を浴び続けていくことが大切です。

今何が起きているかを知り、自分がいる業界や、目指す分野、日本や世界の動きまで、情報を浴びるように入れて、常に動き続けなければなりません。

そのための基本が、次の2点です。

①いろんな分野の本を読む——広げる読書

料理人なら料理本だけを読んで料理の腕を上げていくのは基本パターン。少し気の利いた人は芸術や美術、茶道を習う人もいます。でも、それだとまだまだ足りません。

自分の仕事と全く違うジャンルの本を読めば、知識も視野もグングン広がります。

僕の場合、宇宙の本も読むし、ウォーレン・バフェットの本も、登山家の本も読みます。歴史小説やSFなんかも好きです。

ともすると、自分の好きな本や同じ考え方の人の本に偏りがちです。あえて普段読まない本や、自分とは反対の意見を持った人の本も読むと、思考が偏らずに済みます。

②トップの人の本を読む——深める読書

バイトや弟子入りでその分野でトップクラスの人や会社に学ぶのが超速で成長する秘訣のように、本もその分野でトップの人の本を読むのが基本です。

ウォーレン・バフェットは「時代によって変わる原理原則はない」と語っています。

これは真理だと思います。

世の中の変化によって変わるものがあれば、それは原理原則ではないということです。

だから、原理原則を語っていない人の本を読んでも、あまり意味はないかもしれません。

情報収集のために5分ぐらいでババババッと読むぐらいならいいですが、じっくり繰り返し読むべき本ではないと思います。

そのためには、やっぱり松下幸之助さんや稲盛和夫さんのように、何十年も読み継がれる本には真理があるんでしょう。

日本におけるチェーンストア理論の生みの親、渥美俊一さんの本やサイゼリヤの正垣泰彦会長の本も読んで、実際にバイトにも行ってみて、やっぱりビジネスの原理原則が書かれていると痛感しました。

そしてそのような優れた本は、必ず一度ではなく、何回も読むのをオススメします。自分自身が成長していれば、毎回新たな発見があるはずです。

僕は本に救われてきた

僕は本を読むことで、救われてきました。

中学生のころ、自分に自信をなくした僕は、しゃべらなくなりました。しゃべってもスべるだけだし、誰とも話さずに自分の好きなことだけに没頭したかったんです。当時の僕は、とにかく孤立していて、自分の殻に完全に閉じこもっていました。

親はそんな僕を心配して、なんと精神科に通わせました。

でも、僕自身は全然追い詰められていたわけじゃなく、「週に1回も学校を休めてラッキー！」と内心喜んでいました。お医者さんと一緒にジオラマみたいなものをつくって、楽しんでいたぐらいです（たぶん、箱庭療法だと思います）。

そんなとき、心のよりどころとなったのが本です。

松下幸之助や本田宗一郎、稲盛和夫の本を読んで、「うわっ、すげぇなこの人！」と興奮しました。

一番取っつきやすかったのが、本田技研工業（ホンダ）創業者の本田宗一郎です。

本田宗一郎は、小学校のときにイタチのソウちゃんって呼ばれてたそうです。イタチってすばしっこくて逃げ足速くて、ズル賢いですよね。

陣取りゲームとか、国取りゲームを友達とやると、戦術や戦略を考えて、友達を動かして必ず勝っていたのだとか。

僕は雪国の出身なのですが、長袖の袖で鼻水をよくぬぐってました。そうすると、袖の部分が白くカピカピになる。本田宗一郎も鼻の下をカピカピにして、袖口も鼻水でカピカピしてると書いてあって、すごく親近感がわきました。

本田宗一郎は中学校しか卒業していなくて、いわゆる読み書きはギリギリできるぐらいだったそうです。ちなみに松下幸之助も読むことはできても書くことができなかったんだとか。それでも会社を興して、世界に名をとどろかせるぐらいの大企業に育てたんだから、尊敬しかありません。

本田宗一郎は22歳のときに自動車修理工場を開きました。だけど、どうしても車をつくりたくて、その手始めとしてピストンリングというエンジンの潤滑油を制御するための備品を製造したいと考えていました。そのピストンリングを製造するのは技術的に難しく、つくっている会社は数社しかありませんでした。

会社に提案すると、社員も出資者も「自分たちは修理工場がいい」と猛反対。その会社を離れてピストンリングをつくる会社を立ち上げましたが、全然うまくつくれません。

倒産寸前まで追い詰められたとき、本田宗一郎は工業高校の金属工学科に入学することにしました。そこで冶金の知識を学び、何とか試作に成功したのです。

ところが、困難は続いて、開発はできても製造技術が追いつきませんでした。そこで各地の大学を尋ねて教わったり、製鋼会社を訪れたりして生産技術を身に付けたそうです。

いわゆる学のない青年が大学で一流の教授から教えを請うという、このエピソードが僕は好きです。大学では自分が理解できるまで教授に質問し続けて、急速に知識を身に付けていきました。まさしくマヨネーズ理論だな、と感じます。

やがて、会社はトヨタや中島飛行機に納品するぐらいの規模に発展します。

そういう話を読んでいると、子供ながらに勇気が出て、僕も勉強は苦手だけど、好きなことはとことんしようと思えるようになりました。

僕は今だって、何も用事がない休日はニートみたいになって、ダラダラゴロゴロしています。イタリアに行く前は、1カ月半くらい布団から出なかったときもありました。

本来怠け者でコミュ障の僕が社会に出て何とかやってこられたのは、本を読んで、偉大な人の生き方や思考からインスパイアされたからです。

本は僕の人生をずっとサポートしてくれていました。

読書で原理原則に立ち返れ

何か判断に迷うことがあったときや、自分に自信がなくなってきたとき。僕はことあるごとに、世界最大の投資家であるウォーレン・バフェットの本を読み返して、自分の原点に立ち返っています。

バフェットは、株取引で重要なルールが2つあると言っています。

1つ目は、絶対に損をしないこと。2つ目は、そのルールを忘れないことです。

100円で買った株が99円になったら損します。それはダメなんです。絶対に損をしない確信を持ったら株を買え、ということです。確信がなかったら絶対株は買わない。

シンプルだけど、多くの人はそれを実践できないから株では勝てないんでしょう。みんながAI関連株に殺到したら、流れに乗ろうと後追いする人が大半だと思います。

バフェットはコカ・コーラやマクドナルド、ナイキなど、長期間保有できる手堅い銘柄を選びます。流行や時代の雰囲気に流されず、自分が知っているものしか買わないというポリシーを守っているのです。

僕もバフェットの影響で株を始めました。バフェットはまず株の本を買ってとことん勉強してから、少額で投資をするように説いています。少額で投資してみて、精神状態が不安定になったり、常に株価を見て一喜一憂してるようなら、客観的な判断ができないから株に向いてないとのことです。

僕はそれを忠実に実行して、株の本を繰り返し繰り返し読み、5年ぐらい勉強してから、少額で株を買ってみました。まだ始めて1年ほどですが、月に多いときで30万円ほどの利益を出していたこともあります。

バフェットは火事になる前に逃げろとも言っています。今年1月初旬のコロナで騒ぎだす前に、僕は「やべぇな」と察して、持っていた株をほぼ売りました。

おかげで、株価が下落して大損するのは避けられました。バフェットが動く前に売れたので、僕は優秀な弟子なんじゃないでしょうか。

コロナ騒動のときに営業を続けたのも、「絶対に損をしない」「それを忘れない」というルールに従ったからです。ラッセが倒産したら僕もスタッフも損することになる。スタッフの命を守れても、損はする。だから、営業を続けてスタッフの命も店も守ろうと決めたのです。

そうやって、常に「バフェットだったらどうする？」と彼の目線で物事を考えています。

そのような心の指針がないと不安になって、店を閉めていたかもしれません。

要所要所で原理原則に立ち返るのは、ぶれない軸を持つためにも必要です。その手助けを、僕の心の中のバフェットはしてくれます。

通勤時間はゲームより読書

多くの人に読書の習慣が身に付かない理由の一つが、「忙しくて読む暇がない」。

社会人は基本的に忙しいので、読む暇は降ってわいてくるもんじゃなくて、自分で時間をつくるしかないでしょう。

それにはやっぱり、隙間時間を利用するしかありません。

読書のための時間を1時間や2時間まとめてとろうとしたら、たぶん読まないまま終わります。だから電車の中で本を読んだり、ランチの休憩中に本を読むという感じで、空いている時間に読んでいくしかない。

これはよく言われていることだし、当たり前の話なんですが、実行できている人はほとんど見かけません。

僕も電車で通勤していますが、多くの人はスマホでゲームをしています。それは刺激中毒になっているようなもので、「もったいない時間の使い方をしてるなぁ」と思います。

本に没頭して原理原則に立ち返ったり、世の中の大きな流れを知るほうが、電車の時間を有効に使えるはず。読み終わるまでに1カ月かかっても全然いいと思います。

でも、どうしても読書が苦手だという人は、ムリして読まなくていいと思います。

マンガが好きな人はマンガだけ読んでいればいい。本当にそう思います。

今は一つのことを突き詰めたらそれが評価されて、テレビ番組の「マツコの知らない世界」に呼ばれたりするわけです。だからマンガを読みあさっていれば、マンガ評論家になれるかもしれない。自分で肩書をつくったら、立派な職業です。

得意分野をやり続けることが一番よいので、読書にその魅力を感じないなら、スパっとあきらめて、好きな分野でバイトや研修、弟子入りで成長するほうが向いているんじゃないでしょうか。

生き残るための読書5ステップ

読書はマヨネーズ理論の一つの方法ですが、サバンナ思考的なサバイバルツールとしても捉えます。どうすれば読書で生き残れるのか、ここでご紹介します。

結論から言うと、読書は読んで終わりじゃなく、その後で行動に結びつけて、はじめて完結するということです。

買って満足、読んで満足するだけの「いい本コレクター」になってはいけません。

本を読み終わって、「いいことが書いてあったなぁ」とアマゾンにレビューを書き込むだけでは、自分の血肉になったとは言えない。実践してはじめて〝マヨネーズ〟となり、その本と出会えた意味が生まれるんだと思います。

ステップ① ネットサーフィンで気になるテーマを探す

僕は読む本を選ぶとき、まずはネットサーフィンをします。いきなり書店に行ったり、アマゾンにアクセスしたりはしません。

グーグルで気になるキーワードを検索することもありますし、ヤフーニュースや東洋経済オンラインなどにアクセスすることもあります。そこから興味のままに、関連記事や最新記事を見ながら流れ流れていくような感じです。

その時の方向性は2つあります。

1つ目は、儲かりそうな情報を得ること。今後これをやったら利益につながるんじゃないかという視点で、ネット記事を探していきます。

2つ目は、危機につながりそうな情報を得ること。

今回のコロナ危機はこれに該当しますが、書籍はどうしても情報が古いので、今回は役に立ちませんでした。

広く浅くネット記事を見ていって、何か引っかかる記事があった場合は、その分野に関する本をアマゾンなどで探してみて、当たりをつけます。どういう著者さんがいて、どういう本を出しているのか。他にどんなテーマで書いているのか。同じテーマで書いている別の著者はいないのか、などの視点で見てチェックしておきます。

ステップ②　必ず書店で手に取って見る

僕は基本的に電子書籍は利用しません。書店で紙の本を買います。

ネット記事やアマゾンでチェックした本は、実際に書店で見て、買うかどうかを決めます。これは絶対買うと決めている場合と、買うかどうか迷っている場合があるのですが、どちらの場合も必ず手に取って見ます。

そして、著者のプロフィール、はじめにと目次、最初の数ページに目を通します。もしも目星をつけた本が面白くない場合は、周りの類書をかたっぱしから目を通していきます。

これ、実はウォーレン・バフェットの競合分析と同じなんです。

特定の会社が伸びるんじゃないかと目星をつけて、予想を立てる。例えば、サイゼリヤの株を買おうとしたときに、ガストやすかいらーくの株も調べてみて、初めてサイゼリヤの株を買うのがベストだと思えるわけです。

逆に、ガストの株を買ったほうがよさそうだという結論になることも、もちろんあります。それは比較をしてみて、初めてわかることです。

ウォーレン・バフェットは長期投資しかしません。僕も本を読むときには1冊の本をしっかりと読み込んでいくほうが好きなんです。類似本をいっぱい見て比較することで、本選びで失敗することはほとんどなくなります。

ステップ③　著者の気持ちになりきって読む

国語の時間でよくありましたよね。「登場人物の気持ちになって考えなさい」とか、「作者の気持ちを答えよ」的な課題が。それは読者という第三者の立場で考えることになるので、僕の読み方とは違います。

僕は、その本を書いた著者になりきって読むのです。

例えば、正垣泰彦会長の『サイゼリヤ　おいしいから売れるのではない　売れているのがおいしい料理だ』という本は、はじめにの冒頭で「フードサービス業に携わってから40年以上が過ぎた。学生時代、アルバイトばかりしていたが、最後にしたのが飲食店の皿洗い」という文章から始まります。

ここから、僕は正垣さんになったつもりで読み進めていきます。サイゼリヤの1号店で苦労した話から、人気が出て多店舗化したものの、社員に十分な給料を払えてないことに胸を痛めている描写を読むうちに、身につまされていきます。そこで、正垣さんと同じ視点に立って、店で起きている問題をどう解決していけばいいのかを、一緒に考えるような心境になっていくのです。

これが僕の「なりきり読書」です。

批判しながら読む人もいますが、僕はあまり好きじゃないです。それは著者とシンクロできなくなってしまうから。

これはレストランに食べに行くときもそうなんです。全てのレストランは、一定のお客さんやファンがいて支持されているわけです。それを批評家気取りで味やサービスを批判するのは、人として三流なんじゃないかと思います。

だから、僕はその店の経営者になったつもりで食べます。そこで働いているスタッフや、この空間をつくった経営者は、どうしてこういうお店にしたのかな？　どういう気持ちでこの料理を提供しているのかな？　なんて、いつも考えています。

そうすると、お店の良いところも悪いところも見えてくる。すっげえここ苦労してるんだろうな、ここめちゃめちゃ頑張って開発したんだろうな、この仕組みを一生懸命つくったんだろうな、っていうのが見えてきます。

批判しているだけだったら、絶対にそこまで発見できません。なりきることで、いろんな発見があり、それを仕事でも生かせるのです。

ステップ④　W杯決勝戦の集中力で読む

僕にとって、読書は集中力をつけるためのトレーニングでもあります。**自分で言うのもなんですが、W杯決勝戦ぐらいの集中力で、それこそ「死ぬ気」で読書に挑んでいます。**僕の場合、それくらい集中していないと著者に完全になりきることができないんです。

まず、リラックスした姿勢で1時間くらい本を読みます。その後、15分くらい寝ます。起きて、顔を洗って、そしてまた1時間読む。学校の授業みたいなリズムです。

これを繰り返していくと、ふつうのビジネス書なら2時間半くらいで読めます。レストランの営業をしている日は、頑張れば1日に1冊半くらい読めます。

僕は小説も読みますが、歴史ものだと宮城谷昌光先生が好きです。古代の武将が主人公の小説を読んでいるとき、僕はその武将になりきっています。

物語の中で、僕はその武将として大事な決断を下したりするのですが、読み終わった後に、果たして現実世界でも同じ決断ができるのだろうか？　と思ったりします。

意図しているわけではないですが、読書は決断力や判断力を鍛えるトレーニングにもなっているのです。

ステップ⑤　読んだら即行動

本は読み終わったら終わりではなく、それを実践してこそ、初めて「自分のもの」になります。

『非常識な成功法則』などで有名な経営コンサルタントの神田昌典さんの本では、「自分の目標ややりたいことをメモして、そのことをずっと考え続けていれば、いつのまにか自然にできている」ということが書いてあります。

当然、僕は神田さんの本を読んだ後に、紙に売上の数値目標を書きました。そのメモはノートにはさんでいて、その目標は今のところ全て達成しています。

いい本を読んだら、その本を再現するくらいのつもりで行動を起こすこと。

その本の著者に弟子入りするようなつもりで、血肉化していくこと。これに尽きると思います。

良品計画の松井さんも社長になってから『経営は「実行」』（ラリー・ボシディ、ラム・チャラン、チャールズ・バーク著　日本経済新聞出版）という本を何度も読み返し、そこに書いてあることを実践したといいます。

とにかく、行動する量を増やさないと成長できないし、サバンナを駆け抜ける力を養えません。

本を読んで、行動する。また本を読んで、行動する。このスパンが短くなればなるほど、サバンナで危険を察知してすぐに行動できる力が身に付きます。

軸になる本を繰り返し読む

読書って、恋愛に似てると思うんです。

あるとき、ものすごく夢中になれる著者に出会って、その著者の本を片っ端から読んでいく。特にお気に入りの本は、何度も何度も読んでいく。その本について、雄弁に語りたくなったりもする。

そのうちに、もっと魅力的な著者に出会って、どんどん惹かれていき、片っ端から読んでいく。やがて、また最初に夢中になっていた著者さんの本を読みたくなってくる……。

こんな感じで、僕は著者にのめりこんでいきます。

そんなことを繰り返していくうちに、自分の軸になる本が出てきます。なぜ軸になるかというと、波長が合うからです。恋愛の例えで言えば、結婚するようなものですね。

僕の場合、一番の中心軸は本田宗一郎です。

本田宗一郎は自ら突っ込んでいく性格で、行動のスピードが速くて、失敗を恐れずに突っ込んでいきます。これは僕の理想ですし、僕も常にそうありたいと思います。

本を繰り返し読むことで、「自分はこういう人間だ」というセルフイメージを再確認したいんです。

例えば何かで悩んでいるときに本を手に取ると、本田宗一郎は「やってみもせんで答えを出すな」と言ってくれる。それで、即行動しよう、となるわけです。

何度となく繰り返し読んだ本は、先を照らしてくれる灯りや道標にもなってくれます。

それに、やっぱり、何かしら自分の心の軸になるものを持っておかないと、驕りを持ってしまったり、稲盛和夫が言っているように、自分の私利私欲に走る弱い人間になってしまう気がするんです。

稲盛和夫は大きな夢を描いて実現しようとするとき、「動機善なりや、私心なかりしか」と自問自答するといいます。ブレない自分軸がないと、目先の利益や甘い言葉に惑わされて、本来の自分の目標を見失ってしまうんです。

会社を立ち上げたときは「社会の役に立ちたい」という立派な理念を抱いていても、目の前の資金繰りや日々の雑用に追われるうちに、理念は色あせていきます。

そこで初心に立ち返るためにも、読書はその助けになってくれます。

ビジネスパーソンの皆さんにしても、社会に出たばかりのころは「いつか起業したい」「世の中を変える技術を開発したい」といった目標があったんじゃないでしょうか？

上司や周りに「好きな仕事ができるほど、世の中は甘くないんだよ」なんて言い聞かされているうちに、夢はしぼんでいったかもしれません。

その夢を再び膨らませるためにも、そしてそうならないためにも、軸となる本は何度も読み返したほうがいいと思います。

僕の場合、何百回も読んだのは、本田宗一郎と松下幸之助の本です。

やっぱり世界一になった人の考えっていうのはすごいと思っています。

本田宗一郎は「世界一であって初めて日本一となり得る」と語り、マン島のＴＴレース（島をバイクで駆け抜けるレース）に参戦して見事に世界一になっています。

松下幸之助は、蛇口をひねれば水がどこでもごくごくと飲めるのと同じように、いいものを安くたくさんつくって、多くの人が手に入れられるようにしようという「水道哲学」を持っていました。

二人とも一代で世界的企業を築き上げたので、「俺も世界一になりてぇ！」と憧れます。

そういう本を読むと、自分もやれるんじゃないか、じゃあ自分はどうすべきなのか、と思うんです。やってやるぞ、って思えてくるんです。

この二人の本を読めば読むほど、僕の努力はまだまだです。本田宗一郎や松下幸之助の時代に生きていたとしたら、僕は全く無名の人間で終わってるんだろうな、という焦りが生まれます。

だから僕は行動することを止めたくない。その思いが僕のサバンナ思考の原動力になっています。

感動する心を持ち続けられるか？

松下幸之助は稲盛和夫に「感動する心を持ちなさい」と言いました。

僕が同じ本を繰り返し読むもう一つの理由が、これです。

前述したように、本を読むときは著者になりきって、どんな気持ちで書いているのかを読み取るようにしています。

しかし、感動する心がなければ何も読み取れません。

本田宗一郎が65歳のとき、右腕と言われていた藤沢武夫が63歳になって「俺は引退したいと思う」って言ったんです。

そのときに本田宗一郎は、自分も65歳になったっていうことに気づかされます。このタッグで25年間一緒にやってきたけど、もう感覚が鈍ってしまっている。下の世代が育っていることにも、感じる心がなくなってしまって気づけなかったのだと悟ったのです。

翌年、2人そろって引退しました。

僕が本を読み返すのは、感動する気持ちを忘れたくないからです。

中高生のとき僕は本当にぐうたらしていて、たまに彫刻とか陶芸で県でナンバーワンになったけども、ものをつくることには没頭しても、賞を取った感動はありませんでした。

そんなときに、松下幸之助の本を読んで、2章でご紹介した、講演会での稲盛さんとのエピソードを知りました。その瞬間、「うわー！　俺もこんな人になりたい！」って思ったんです。

あのときの「うわー！」という感動を消したくない。感動する心を毎日持っていられるように、僕はこの部分を何度も読み返して、あの感動に立ち返るようにしています。

感動する素直な心が常になければ、他人がつくった固定概念から出ることはできません。新しい発見ができないのです。

僕のいる飲食業界は、レッドオーシャンと呼ばれる競争の激しい業界です。そこで生き抜いていくためには、よりたくさんのことに気づいて、より良くしていく方向に行動を起こさなければなりません。流れに身を任せるだけでは、すぐに淘汰されてしまいます。

僕はサイゼリヤにバイトに行って、本当に感動しました。

感動したから、フラットな職場のつくり方や効率的な作業の進め方、的確な指示の出し方などを学べた。アンテナが鈍くなっていたら、ただ時給分働くだけで終わっていたでしょう。

人は年齢とともに、どうしても経験則に頼りがちで、頭も固くなっていきます。人の意見を聞かなくなるし、アイディアも思い浮かばなくなっていく。これでは、サバンナでは生きていけません。

常にやわらか頭にしておくには、感動する心を持っておくことだと思います。

バカの突破力で駆け抜けてきた僕は、より一層サバンナ思考とマヨネーズ理論を洗練させていくために、読書をしたり、バイトをしたりして、新しい刺激を受け続けるようにしています。

そうすれば、いつまでも軽やかにサバンナを走り抜けられるのだと信じています。

まとめ

★バイトや弟子入りしなくても、その分野でトップの著者の本を丸パクリできればものすごいスピードで成長できる。

★本は書店で手に取って、類書と比較しながら選ぶ。

★その本を再現し、著者に弟子入りするようなつもりで行動する。

★読書で原理原則に立ち返る。感動する心を持ち続ける。

★著者の気持ちになりきって、W杯決勝の集中力で読む。

第6章

いつの時代も夢をかなえるのはバカ

宇宙がバカに近づいてきた

「俺は宇宙に行くんだ」

「月にレストランをつくる」

バカの一つ覚えみたいに、そう言い続けていれば宇宙に近づけるんじゃないか？

そう思って、あちこちで言っていたら、宇宙のほうから僕に近づいてきたんです。

20年後、火星にも人が住めるようになったとき、月はその途中にあるパーキングエリアになります。

高速道路のパーキングエリアには立ち食いそば屋があるように、月にもメシ屋が必要なんじゃないか？

そんな当たり前の発想から、「月にレストランを開く」という目標が生まれました。

宇宙に行くには、ＪＡＸＡ（国立研究開発法人宇宙航空研究開発機構）と仕事をすればいい。

でも僕は高卒だし、宇宙に行く技術も、宇宙食をつくる技術も持っていません。

それをどうやって現実にすればいいかわからずに、夢をあちこちで語っているうちに、「月にレストランをつくると言ってるおかしな料理人がいるらしい」

そんな噂が誰かの耳に届いたみたいです。僕はJAXA筑波でISS国際宇宙ステーションの「きぼう」日本実験棟完成と、宇宙ステーション補給機「こうのとり」初号機打ち上げから10周年を祝う日本史上初の食事会のプロデュースを依頼されました。世界中の宇宙関係者200人が集まるという、かなりの規模のものです。

夢をかなえるのは、いつだって「バカ」だと思います。

2020年5月に民間で初めて宇宙飛行士を乗せた宇宙船を国際宇宙ステーションまで送り届けたイーロン・マスクは、僕の4歳年上なだけです。完全にバカですし、もう惚れ惚れするほど気が狂っています。本当に次元を突き抜けたオタクです。

でも、だからこそものすごい爆発力を持っているんです。

堀江貴文さんも宇宙ロケットを開発していますし、ZOZOTOWN創業者の前澤友作さんも、宇宙旅行に行こうとしている。

僕には彼らの気持ちがよくわかります。宇宙は果てしなく、謎に満ちている。これほど夢とロマンがあり、フロンティアスピリッツをかきたてられる場所は滅多にありません。

何もかも忘れているのが本当の没頭

バカの最強の武器は、その没頭力です。

「俺ダメなんじゃないかな?」「他の人にわかってもらえないかな?」なんて、考えているようではダメ。バカになりきれていません。夢中になるとか、集中するという言葉では、まだ足りない。

何もかも忘れている状態が、本当の没頭だと思うんです。

高校生のとき、木の彫刻に没頭しすぎて1週間ひたすら彫刻だけをしていました。冗談抜きで、飯も食わず、夜も寝ず、ぶっ続けです。

結果、県でプロも含めた一般の部で一番になったんですが、別に賞を取りたかったわけじゃない。ただ彫りたいから彫っただけなんです。

学校に遅刻しても、先生に怒られても全く平気でした。

好きなことに没頭している時間が、めちゃくちゃ幸せだった。それは今でもそうです。

本職の料理にしても、もちろん美味しい料理をつくりたいとか、世界一のレストランで腕を磨きたかったというのはありますが、やっぱり没頭できている楽しさがあるわけなんです。読書で著者や物語の主人公になりきってしまうのも、僕にとっては同じ。

ただ、好きなことに没頭していたいだけなんです。

愚直なバカさって、夢をかなえたいなら必要だと思うんです。

例えば会社員でも、「もっとクリエイティブな仕事がしたい」「上司が気にくわない」なんて不満を持ちながら働いていたら、仕事に没頭することなんてできないし、成果を出すことはできません。

たまには思考のスイッチをオフにしてみてください。この本を読むことでもいいから、今目の前にあることに没頭してみませんか?

僕はバカだけど、世の中を変えられると思ってるんです。自分は世の中を良くする人間だと本気で思っています。

根拠のない自信ですけど、それを持っているのが重要です。

本田宗一郎も松下幸之助も、孫正義もみんな根拠のない自信を最初から持っているんです。はたから見たら「お前に何ができるんだ?」「ホラ吹きやがって」って言われるような自信を持った人間が世の中を変えていきます。

世の中をよくする人間だと本気で思っていたら、ホントにそうなっていくでしょう。想いが行動を変えていきます。

レストランという業態にはこだわらない

「ラッセは三ツ星を目指すんですか?」

よく聞かれるんですが、答えはイエスでもありノーでもあります。

僕はラッセを三ツ星レストランにするために、身を削って働いてきました。みんなに犠牲を強いながら身を削って働いてきました。

でも、従業員を幸せにすることはできなかった。

だから今の僕にとって、スタッフの幸せが一番大切なんです。

料理とサービスに妥協することは、これまでもこれからもありませんが、僕個人としては昔のような三ツ星への執着心はないです。

でも、もし若いメンバーたちが望むなら、もう一度挑戦してもいいと思っています。

一つ確かなことは、僕の考える「三ツ星の取り方」を彼らに押し付けることはしないということです。僕はナディアのやり方を見てきただけなので、8000km離れた日本でコピーしても意味がありません。

大切なことは、三ツ星を取りに行くその過程にあります。目指すものに対して行動を起こしているその瞬間が、幸せでなくてはいけないんです。

星を維持したり獲得するためのプレッシャーは相当なものです。

でも、その過程を楽しめるなら大いに目指してほしいと思います。それをサポートすることが、経営者である僕の役割です。三ツ星はただの称号でしかありません。

僕は称号よりも、スタッフの幸せを追求していきます。

幸せなスタッフが幸せなままで、自分の頭で考えて自走して生産性を上げ続けていったら、本当にすごいレストランになると思いませんか？

その結果として三ツ星が獲れたら、それはそれで面白いなと思ってます。

実は、あまりレストランという業態にもこだわっていません。

レストランのビジネスモデルは、中世ヨーロッパの時代から何百年も変わっていないんです。時代はどんどん変わってる、にもかかわらず。

日本はレストランの数が多いのに、お客様の数は少ないという、根本的な課題を抱えています。

物価が安くて国民の貯蓄が多いということは、国全体でお金が動いていないということです。高価格帯の飲食店に来るお客様の絶対数が少ないのに、レストランの数は多いので、1店舗当たりの客数が少なくなるんです。

イタリアンにしても、最初は物珍しくて通って来ても、どこかに新しいお店ができると、お客様はそっちに行ってしまう。

でも僕は料理人なので、基本的に料理しかできません。ですから、レストランでありながら、レストランから脱却しなければならないんです。

「レストランだからお店に専念すべきだ」

「料理人はビジネスのプロではないからうまくいくはずがない」

なんて声も耳に入ってきますが、全て無視しています。

僕は常に新しい事業アイディアを探しています。歩きながらブツブツ独り言で一人会議。アイディアはスマホにメモ、メモ、メモ。

若いメンバーにも、同じことを求めています。

好きなこと、利益が出ること、他人の常識にとらわれないこと。この3つを満たすことがルールです。

僕は、桶狭間の戦いで一人で突っ込んでいった織田信長でいたいんです。

トリンプ元社長の吉越浩一郎さんは「60%で決断する」と言っていました。成功するか失敗するか、少しでも成功側に傾いていればそこで決断するということです。

リスクを分析して、成功率を上げてから行動するのが普通かもしれませんが、それでは遅いんです。

これだけ情報にあふれ、ニーズも多様化している時代、何をしたって正しいんです。悩んだり迷ってる時間がもったいない。

どんな小さな分野でもいいから、より人から求められるように、精度とクオリティを走りながら上げ続けなければなりません。

「これが近道だ」という仮説を立てて、突き進む。もし失敗しても、そこから学んで修正しつつ、さらに近道を探して、最短で目標に近づく。

ラッセで出している損失額は僕が断トツで多いんですが、行動しないことが一番の失敗です。致命傷さえ負わなければいいんです。

行動もしないで考えてばかりいるのは、教室で水泳の授業をしているようなものです。

とりあえず、浮き輪を着けてプールに飛び込んでみませんか?

全ての仕事は将来つながる

２０１８年、僕は酒蔵の取締役になりました。

それは「『ＧＯ』霧の塔」という日本酒をつくっている津南醸造という酒蔵で、僕が生まれ育った新潟県中里村の隣町にあります。

津南醸造は人口減少が進む県内で主に販売していたので、売上が低迷していました。霧の塔は僕の父親がよく飲んでいたお酒で、いいお酒なので販売の仕方さえ整えれば、必ず売れると確信しました。その後、ミドリムシで有名なユーグレナの創業メンバーなども集まって、本格的に経営再建をすることになったのです。

すると、今度は新潟県長岡市にオープンする日本海沿岸で一番大きい１００坪のレストランの総合プロデュースをしないかという話が舞い込みました。

そこはお客様が好きな料理の小鉢を選んで持っていくタイプの、低価格帯の店です。

ラッセとはまた全然違う業態にチャレンジできます。２０２０年9月にオープン予定です。

実は、そのレストランで出す料理は、酒蔵が関係しています。

酒蔵の再建を手掛けているメンバーは、酒蔵で出る酒粕を牡蠣《かき》のエサにしたり、プラスチックみたいに成形して、10年20年経つと土に分解される箸やナイフ・フォークをつくる研究をしています。

そこで育った牡蠣をレストランでカキフライやグラタンにして出す。そして、お皿やカトラリーもその牡蠣の殻でつくったものを採用する計画を立てています。

こうして、循環型のレストランという地球に優しいコンセプトが生まれました。


いろんな事業を同時進行していくうちに、点と点が結びついていく。

「コネクティング・ドット(Connecting the dots)」という言葉があります。

これは点と点をつなげるという意味で、スティーブ・ジョブズが、スタンフォード大学の卒業式で話したものです。スピーチからその部分を抜粋します。

「将来をあらかじめ見据えて、点と点をつなぎ合わせることなどできません。できるのは、後からつなぎ合わせることだけです。だから、我々はいまやっていることがいずれ人生のどこかでつながって実を結ぶだろうと信じるしかない。運命、カルマ…、何にせよ我々は何かを信じないとやっていけないのです。」（日本経済新聞2011/10/9より）

ホントにこの通りで、僕が打ってきた点が今、どんどん結びついている。**点が点を呼んでいるんじゃないかと思うぐらいに、線としてつながり、面になってきています。**

だから、僕はどんな経験もムダにならないと思うんです。

今は無意味だと感じている仕事も、いつかどこかで点として何かにつながる可能性がある。そう信じれば、一つ一つ目の前のことに打ち込んでいこうって思えます。

地方から宇宙にコネクト

２０１７年と２０１８年に、僕は地方を舞台とした「トレジャーディナー」というイベントを行いました。

舞台は、新潟の清津峡《きよつきょう》という渓谷。黒部峡谷、大杉谷、と清津峡とで日本三大渓谷の一つです。その中でも一番知名度が低く、最近ようやく越後妻有アートトリエンナーレで有名になってきました。切り立つ谷の下、川沿いの洞窟の中に突如、一流のデザインや演出を凝らした高級レストランが現れる。それが、トレジャーディナーです。

僕の地元でもある新潟の十日町市は、他の地方と同じように高齢化が進み、観光産業が伸び悩んでいました。そこで僕は、新潟を楽しむ新しい体験をつくりたいと考えました。50人限定のお客様を日本全国から集め、1人5万円でディナーを提供する。当然宿泊もするので、地域に落ちる経済効果は1日で250万円を越えます。

こういう地方イベントでありがちなのは、東京の大手広告代理店や旅行代理店が運営していて、収益もスポンサー料に依存していること。地方の業者は「下請け」として関わるのがほとんどです。

でもトレジャーディナーは違います。地元の料理人、設備屋、旅館、工務店、農家などが主体となってイベントを運営するのです。そして事業収入もお客様からの収益で成り立たせます。つまり、仕事を請け負うのではなく、自分たちが事業をつくる側に回るということです。

外部スポンサーに依存しないので、僕以外の料理人と組んでイベントをするときも、黒字化できるような仕組みを整えようと、僕は考えました。

単発で何かを成功させても、あんまり意味ないです。**やっぱりサイゼリヤや無印良品で仕組みが大事だと学んできたので、仕組みごとお渡しできないと地方創生にはならないと思っています。**

僕がしたのは、全体としてのゴールイメージを見せることと、料理を提供することだけです。

まず地元の事業者の皆さんを呼んで、実際に現場でテーブルを並べながら説明会を行いました。完成イメージをビジュアルで伝えることと、収益構造を明確に伝えることを強く意識しました。

何人のお客様がきて、それぞれのどんなサービスが必要となり、予算はどれくらいになるのか。そこにそれぞれの事業者がどんなコストで何を提供したらちゃんと収益として成り立つのか。それを一人一人に考えてもらうのです。

そして、トレジャーディナー当日。

タクシー会社さんの送迎からゲストの体験は始まりました。山の奥深く、会場となる清津峡の洞窟に到着すると、それまでの木と岩と土の世界から一転、赤い絨毯と真っ白なテーブルに迎えられます。

オープニングは太鼓のパフォーマンスを見ながら、地元の山菜だけのアミューズを食します。席を照らす和紙のライト、器も全て地元の職人がこの日のためにつくりました。

十日町市は新潟県で唯一の国宝、火炎式縄文土器の出土地域で1万6000年前から人類が生活していたことがわかっています。コースの食事テーマは「5000年の時を経て食文化の進化。そして未来へ」でした。

世界中から集まったゲストたちは大変満足して、喜びを皆で分かち合いました。

採算度外視で、ありえないくらい労力をつぎ込んだのは、今後の事業展開のきっかけになると思ったからです。

日本全国どこにでもレストランを出現させる仕組みをつくったら面白いですよね。iPhoneのように、その場で部品を組み立ててすごい価値を提供する、というようなイメージでした。

そして、この経験が宇宙に「コネクティング・ドット」して、つながっていきます。

この章冒頭でお話しした、世界中の宇宙関係者が集まるＪＡＸＡの食事会のプロデュースは競合コンペでした。

ＪＡＸＡからのお題は「宇宙食を使った料理で、日本文化を体験してもらう」こと。日本のＪＡＸＡに加えて、ＮＡＳＡ（アメリカ航空宇宙局）やＥＳＡ（欧州宇宙機構）など、世界中からＩＳＳ国際宇宙ステーションの関係者が２００人も集まります。

それは、僕史上最高のビッグイベントでした。

「絶対に獲る！」

利益が出なくてもいい。これはきっと、宇宙への足がかりになる。

僕は持てる力の全てを出し切ることを決意しました。

コンペには、ケータリングやバイキングを提供している飲食店やイベント会社が、何社か参加していました。

トレジャーディナーの実績は、ラッセのイベントプロデュース力を証明するのに十分だったと思います。

さらに、僕自身の9年連続の星付きイタリアンシェフであるという実績と、吉泉やダル・ペスカトーレという一流店で修業していた経験。そして元三ツ星の名店で働いていた料理人を呼ぶといった企画力で、見事にコンペで勝つことができました。

「ぜひ宇宙でレストランをやって欲しい!」

食事会の舞台は、JAXAの無機質な会議室。まずここを秋の風情を感じる日本庭園にするのが僕らのミッションでした。

依頼から当日まで、準備期間は1・5カ月。

料理を提供する以前に、ガスも使えない会議室の改造からの大仕事です。JAXAから図面をもらい、電源の制限を考慮しながら電気配線を行う。冷蔵庫冷凍庫、IHコンロから30メートルの延長コードまで、モノの調達から始まりました。

ラッセの4人だけでは200人に対応できないので、この日のための選抜チームを結成しました。一番町の「鮨みずかみ」の水上さん、中野の「なかの中華!Sai」の宮田シェフ、人形町の料亭「きく家」の上村さん、資生堂パーラーの本多さんなど、素晴らしいお店の方々に当日は手伝ってもらえることになりました。

総指揮官は、ラッセの料理長渡邊とホール長の斎藤。

二人とも日本料理の経験はありません。しかも、海外から集まってくる２００人もの参加者を満足させなくてはならない、大舞台です。そのうえ、他のお店の人とも協力しないといけないし、ＪＡＸＡともやりとりをしないといけない。改めて振り返っても、失敗を許されない大プロジェクトです。

でも、僕は二人を信頼して任せることにしました。

僕の仕事はゴールを示すこと。

お題は「宇宙食を使った料理で、日本の文化と季節を体験してもらう」こと。

「人生の大半を宇宙事業に没頭してきた外国人に、日本文化のすばらしさを直感で感じてもらう。日本のおもてなしで大満足してもらう。日本人が培ってきた文化、感覚、技術、奥深さで感動させよう！」と伝えました。

そして宇宙食は、長年かけてＪＡＸＡと専門メーカーとでつくられてきたもの。

「何千人という人たちの努力と技術の結晶を、僕ら料理人は背負っている。成功したら月で料理をする初めての料理人になるかもしれない！」

そう言って、チームを鼓舞しました

二人はさっそくプロジェクト全体の絵を描いて、メニューの茶懐石は以前ラッセで働いていた五十嵐美雪にお願いすることにしました。彼女は京都の日本料理店を経てラッセの仲間になり、現在は茶懐石のフリー料理人として活動しています。

僕はお皿を含めた演出を担当しました。地球儀を模した五段の重箱や、月面のお皿、直径20㎝の孟宗竹《もうそうだけ》でつくった竹細工の器。それぞれ伝統工芸の頂点に立つような職人さんに、この日のために依頼をしてつくってもらいました。

そして、当日。僕は料理をせずに、全体を見ていました。

お湯を注ぐだけ、15分で炊いたご飯になるフリーズドライの宇宙食で、水上さんが会場で素晴らしいお鮨を握ってくれました。

その横では、着物と割烹着を着た五十嵐美雪と渡邊理奈が鱧《はも》の骨切りのパフォーマンス。人だかりの中心になりました。

海苔の宇宙食を鱧と一緒にお出汁であわせたお椀。宇宙食の定番カレーも、宮田シェフが一流の味に仕立て上げました。デザートは緑茶のパフェ。宇宙飛行士の向井千秋さんは、パフェを「美味しい、美味しい」といくつも食べていました。

会場は熱気にあふれ、立ち食いの居酒屋みたいに、にぎやかでした。ＪＡＸＡいわく、こんなに盛り上がったイベントは、初めてだったとか。

僕が一番話をしたのは、宇宙飛行士の大西卓哉さんです。宇宙での業務はプレッシャーも多く、その中で食事の時間が最大の楽しみだとおっしゃっていました。

「ぜひ国際宇宙ステーションでレストランをやって欲しい！」と言っていただきました。

宇宙がバカに、近づいてきました。

おわりに

宇宙がバカに、近づいてきた。

この話には続きがあります。


宇宙食の開発のお手伝いをすることになったんです。

以前、福井県の宇宙フェスで宇宙食も手掛けるＪＡＸＡ関連会社の男性と知り合って、ずっと「宇宙食やりたい！」って言ってたんです。

ＪＡＸＡの食事会に実は彼の会社の上司も来ていて、僕もあの場で「月にレストランをつくりたい」っていう話をしていたから、彼が上に話をしてくれたときに、

「おお、あの時のシェフかね」

みたいな感じで、話がトントン拍子で進んでいるんです。

宇宙食ってかなり条件が厳しくて、分厚い書類に書いてある条件をクリアしないといけません。

その条件は、レストランを開く際にも求められるはず。つまり、一度宇宙食をつくって、厳しい条件を満たした実績を手に入れてしまえば、「月にレストラン」を開くときに有利になるんです。

また一歩、宇宙が近づいてきました。


これを書いている今も、あなたが読んでいる今も、宇宙はどんどん膨張しています。

人間一人の宇宙に対する影響力って、本当に小さな力かもしれません。

僕やあなたが笑っていても泣いていても、宇宙は気にしません。

好きとか嫌いとか、宇宙から見たら点なんですね。

でも、僕は感情を爆発させます！

一人じゃ何もできないから、その感情を人と感じ合えるから、人を好きになって結婚するし、仕事も頑張れるし。

宇宙の中で人類は奇跡なんだと思ってます。

厳しい時代だからこそ、大切な人を苦難に巻き込ませたくない。

そんな中でも、自分の思い描いた楽しい人生を歩みたい。

みんなそう感じていると思います。

だって、好きな人たちと楽しく笑い合っていると、幸せを感じるじゃないですか？


僕が料理人になったのも、美味しい食事で人を幸せにしたいという思いからなんです。シンプルにそれだけを考えてきた単純バカが、「僕は世の中から必要とされているに違いない！」という根拠なき自信を持って調子に乗って生きてきただけなんです。

そうしたらご縁がつながって、いろんな経験をさせてもらえました。


ホーキング博士は、人類は200年以内で滅びてしまうと言っています。この前は100年と言っていて、また短くなっていました……。天才科学者が警鐘を鳴らしているので、単純な僕はドキドキしてしまいます。

100年後、僕はこの世にいませんが、今よりもっと素晴らしい時代になっていなければなりません。

大切な人たちを守らなければならない。これが僕の危機感の根底にある思いです。

僕にできることは何だろうか？

そう考えたときに、僕は料理人として宇宙開発事業の手助けをすることに決めました。

小さい頃から宇宙が好きだったことと、僕の勝手な使命感が合わさって、ワクワクしながら生きています。僕は単純バカだなぁと自覚しています！


しかし反面、僕は基本的にぼけーっとしていられたらいい人間です。グータラしていられたら幸せなんです。

ゴロゴロして過ごす休日なんか、最高ですよね。

矛盾しているように聞こえますか？　僕は矛盾しててもいいと思ってるんです。

ウェイト&ストップ思考とか固定観念とか、厳しいことを言ってしまいました。

僕はそれもいい人生だと思います。考えずにぼけーっと好きなことで生きていけるのって、けっこう幸せじゃないでしょうか？

松下幸之助も本田宗一郎も、「適材適所」と言っています。

頑張りたくない人は、頑張らなくてもいいんです。

仕事ができなくても、たとえ何か障害を持っていたとしても、世間から相手にされなくなった人も、生きていることに自信を持っていていいんです。そのままでいていいんです。

そのままでいられなきゃ、ダメなんです。

そういう世の中からこぼれてしまいがちな人でも、誰でも活躍できる場をつくってきたのが、松下幸之助であり、本田宗一郎であり、サイゼリヤを一代で築いた正垣会長です。

僕も末席でいいから、その流れに加えてもらいたい。

そう思ってサイゼリヤにバイトをしに行きました。そこにはすごい宝物があったというのは、これまでお伝えしてきた通りです。

もしこの本を読んで、もう少し頑張ってみたいと思う人がいたら、ぜひ一つでも実行していただきたいと思います。

より良い方向に変化し続けるために、楽しく危機感を持って一つでも多く気づき、即行動する。超一流をひらすらパクる。

これだけ守っていただければ、普通の努力でも、気楽に悠々と生きていけるでしょう。

世の中には、ありとあらゆる分野のスーパーマンが書いたビジネス書はいっぱいあるし、僕も彼らのようになりたくて本をたくさん読んできました。

それでも、まだまだ自分は足元にも及ばないなぁ、とスーパーマンの本を読むたびに劣等感に襲われています。

なので、この本はスーパーマンでない普通の人が読んでも参考になるようにと書いたつもりです。


ご意見やご感想など、ハッシュタグ「#なぜサイゼ」を付けてTwitterやFacebookなどでシェアしてくださると嬉しいです。


話をするときは大ホラ吹いて自信満々だけど、内面はグータラな僕とサイゼリヤを結び付けて世に出してくれた本間勇輝さん。

こんな僕に声をかけていただき、本の出版を決めてくれた飛鳥新社の小林徹也さん。

毎日グダグダな指令を出し、話を盛る僕と一緒に働いてくれてるスタッフの渡邊理奈、齋藤智之、新井萌未に感謝です！

そして、この本を手に取ってくださったあなたに心から御礼を言います。本当にありがとうございます。

最後に、読者の皆さんに、僕の大ボラが一つ実現した写真をお見せしますね。ＪＡＸＡの食事会にて、左から古川聡宇宙飛行士、僕、ＪＡＸＡの佐々木宏さん、若田光一宇宙飛行士です。

付録1

サイゼリヤ会長＆社長座談会

あちこちでサイゼリヤ愛を語っていたら……なんと、正垣会長＆堀埜社長との座談会が実現！　憧れのお二人とお話しできて感激でした。その模様を皆さんに共有します。

外から見るとよく見える

村山　僕、正垣会長に呼ばれてサイゼリヤに来たんです。正垣会長の『サイゼリヤ　おいしいから売れるのではない　売れているのがおいしい料理だ』という本に、こう書いてあります。

「もしも、一流料理人でサイゼリヤのメニュー開発に興味を持ってくれるような柔軟な発想の人と出会えたら、力を貸してくれないか、と声をかけたいと思っている」

正垣　そんなこと言ったかな？（笑）

村山　すごく働いてみたいと思いました。

正垣　出くわすこと、自分の前にあることが最高なんだよな。あなたがサイゼリヤに出くわしたのも、目の前にあるだけの話だから最高なんだよ。それは意識してやっているわけじゃないから。

村山　じゃあ今この場も最高ですね。

正垣　あなたには、良いところしか見えないのだと思う。悪いところを見たらキリがないんだけど、大したもんだよな。

村山　五反田西口店でアルバイトしてるんですけど、皆さんとめちゃくちゃ仲良くさせてもらっています。僕もスタッフ連れてサイゼリヤで飲み会とかやるんですけど、「村山さん、バイト来てくださいよ」って高校生の子から言われて。先輩ですね、僕からすると。

僕、いまだに一番下っ端のCランクななんですよね(笑)。みんなすっごい仲良くしてくださるので、めちゃくちゃ嬉しくて。

正垣　素直なんだよ、大したもんだよと思うよ。出会いを活かし合えばいいだけの話だよな。

堀埜　チャンスは常に来ている。それを逃がさずに、捕まえていけばいいんです。

村山　僕も3年前からバイトさせてもらっていて。うちの店は小さいので、学んだことを反映しやすいんです。

そうしたら今まで僕の店9人でしか回せなかったんですけれども、今4人で回せるようになって。コロナで5月の売上が昨年対比48%だったんですよね。それでも11万円の黒字になったんです。これすごいなと思って。

堀埜　外から見ると、よく見えるのよ。サイゼリヤの人間が気づかないところでも気づける。それをそのままやったというのが、うまくいった一つの要因やね。そこで持っているすごい能力があって、一番は観察力なんだよ。この本を読むとそれがどうしてできたのかわかる。ずっと見てる。

正垣　ものすごい素直になれて観察できるので、それが最大の武器なんだよね。だからサイゼリヤを見ていても人とは違うものが見える。それをすぐ試す行動力がある。

村山　渥美俊一さんの本はほとんど持っているん

ですけど、それを実際に実践されているサイゼリヤで働くのがめちゃくちゃ楽しいんです。これが面白くて面白くて。

うちの店、グリストラップ掃除が1時間とか30分とかかかったのが、本当に今3分なんです。これが本当に感動して。バイトに行くのが楽しくてしょうがない。

正垣　元のもっと奥にある考え方がいいから、ものを見たときに観察できるわけです。そういう縁が出てくる。あなたの考え方が正しいから、そういう縁が出てくる。だからサイゼリヤと共鳴したんです。

村山　そうなんです。本当にそれが嬉しくてしょうがないです。

経験をムダにしなければ大成する

正垣　あのね、お客さんに値打ちのあるもの出したらお客さんが来るって理屈はわかるんだけど、理屈がわかってもダメなんですよ。楽しくなきゃダメなの。喜びがあるの。

理屈と喜びがくっつくとね、信じられるんですよ。あなたがサイゼリヤで働いて楽しい楽しいと言う、これは信じているんですよ。

みんな理屈通りにやろうとするんだけど、仕事が楽しくないんです。あなたは楽しいからそこに違いがある。すごいものを持っているんですよ。あなたが信じているのは何かって言ったら、真理なんだけど、たぶん自分でもわかってないの。だけどなんとなく、それを信じているわけ。だからそれがすごいんだよね。

村山　ｎｏｔｅの記事が出て2週間で堀埜社長がラッセに来てくださって。めっちゃ嬉しくて。

堀埜　会ってきました(笑)。

正垣　すごいんだよ。だから全てうまくいっているの。

村山　うちの店もコロナのとき、スタッフに「僕たちも休業しますか?」って言われて、話し合いました。コロナは何なのかっていうのをもう徹底的に調べて、こういうことを避ければ感染しづらいんだとわかったときに、店やろうって決めて。やってみた結果なんとなくうまくいっている感じなんです、今のところ。

それって僕自身がサイゼリヤで働かせてもらって、学んだことをラッセに転換して、経営の基盤をつくる時間があったからこそ、今回乗り切れたなって思っているんです。やっぱり、めちゃくちゃ経費が下がるんです。

僕たちだけで楽しい思いをするのはもったいないので、日本中の個人経営の飲食店がサイゼリヤをマネすれば、すごいことになります。どこをどうしていったらいいのかを発信していきたくて。これをやりたくてしょうがないんです。

正垣　そういう人が自然とこうやって出てくるんだよ。俺がやらなくてもな。

堀埜　サイゼリヤの経験っていうのは役に立っているんだけど、実はその前の10年間ぐらい、ものすごく身になっているんだよね。それがなかったらサイゼリヤ来てもダメやった。全ての経験は、全部に生きてる。

正垣　つながっているんだよな。

堀埜　苦しい期間があったからこそ、観察力がめちゃくちゃ伸びて、サイゼリヤでいろんなものが見えてしまったという。ムダがないね。

村山　すごい見えました、本当に、全部。

正垣　だから自分が経験したことをムダにしない

と、必ず大成する。成功する。ムダなことは一個もないから活かしてやるんだよな。

人のためにやるのが一番楽しい

正垣　あのね、俺流で言うとね。世の中って、俺も何もかも含めて全部、見えないエネルギーでできている。常に変化していて、なくならない。常に関係し合っている。中心がなくて、秩序があって、全部お互いを助け合って仲良く、より幸せになる方向に動いている。

真理ってそれしかないんだけど、あなたがなんのために生きているかって言ったら役に立ちたいと思っているの。中小企業とか個人企業の人たちって、そこがわかると全てがうまくいく。そういう気持ちでずっと仕事に会ってきているから、サイゼリヤとも会うし、結果も出せるわけだな。

村山　楽しいの一言に尽きる。正垣会長がおっしゃったように、全ての時間がすごい楽しいっていうのが僕もあるので。

正垣　人のためにやるのが一番楽しいんだよな？

村山　自分のためにやっちゃうと誰とも共感できなくて楽しくないです。

正垣　そうそう、自分のためにやると楽しくない。そこには真理があって、人間っていうのはみんなつながっているから、困っている人がわかるの。つながっている人を引き上げるわけだよ。みんな手がつながっているから。だから、あなたの料理人としての目的は困っている人を助けるためなんだよ、多分。サイゼリヤはそう思っているんだよ。

村山　今回のコロナで店を閉めちゃう人いたんですけど、こんな小さな店でも食の社会インフラで絶対に必要としてくれている人がいるんだと思って開け続けました。

正垣　あなたの料理を金持ちの人たちが食いに来る。だけど、金持ちの人ってみんな欲望があって苦労して苦しんでいるわけ。それをあなたの料理を食べることによって、「ああ自分も人のためにやらなきゃなぁ」って思ってもらうことが大事なんですよ。

ビジネスの目的って何かって言ったら「人のために、何か役に立つために自分が生きる」ってことを教えることなんですよ。その道具として料理があるだけ。

村山　まさにそうです。たまたま料理の道に入っただけなので。

正垣　だから必ず成功しますよ。人のためにやろうとすればね。

真理というのは、エネルギーと一緒だよね。エネルギーは一言で言うと、人の役に立つってことなんですよ。だから自分のためにじゃなくて、自他一体だから、みんなのためにどうするか？

そういう考え方って、みんな幸せになるから、それを広めることができればいいんですよ。あなたがやっていることで、それに共鳴してくれる人が一人でもいれば、人間はエネルギーでできているから、死なないから。永遠に続いていくから。

村山　本当にそう思っています。

正垣　そういうふうに考えな。そのエネルギーを日本語で言うと、「人のために、正しく、仲良く」となる。だから、これを基本理念にして、やることが楽しくなれば絶対成功するんですよ。

自分ってさ、物事考えたとき全部自分中心に考えるんだよ。お客さんのためって言うけど、まず衣食住、食べ物、住むところ、着るもの。そのために働いているんでしょ。だから自分のためなんですよ、本当は。

村山　わかります。

正垣　だから毎日、「自分はいい加減な人間で、人のためってかっこいいこと言っているけど、突きつめりゃ自分のためじゃねえか」っていうのをちょっとでも考えて、「これではいけないんだ、本当に人のためにやらねば」って思うと、そこに知恵、アイディアが生まれるんですよ。そのアイディアの一つがサイゼリヤに会えたことなの。

全部エネルギーでできているから、エネルギーの通りに行けば、エネルギーと一体になるでしょう？　だから宇宙は自分のものみたいな感覚になっちゃうわけ、自然と。あなたはそういう考え方を持って生きているんですよ。これがすごいんですよ。カネ持ってても全然関係ないですよ。

村山　関係ないです。

正垣　そうそう。全然関係ないです。偉い人も偉くない人も全然関係ないんだけど、人のためにやるっていうのはどれだけ難しいかなんですよ。自分が人のためにやっていないんだっていうこと、常に言い聞かせてないといけないです。

それを常に自分に言い聞かせていると、すごいことが起きるんですよ。

見返りのない行いに心が喜ぶ

村山　店のオープンが東日本大震災の直後だったので、全くお客さん来なくて。目黒の店付近のガードレールをずっと拭いていたんです。目黒の駅までずっとホウキで掃いて、ガードレールをきれいにしたら交通事故が減るだろうなと思いながら、毎日ずっとやったんですよ、朝から晩まで。

全然一人もお客さん入ってこなくて、ガードレール拭きだけで1日終わったこともあって。けど、何かしら人のためにやらないと、何のために僕は店をやっているかわからないし、何のために生きているのわからなくて。店を始めて、毎月200万円の赤字を垂れ流して、どうしようかっていうときでも、やっぱり何かしら人のためにやりたいなと思ったので、考えられることは結構やり尽くしたあとに、ガードレール拭きだって。

正垣　あなたすごいんだよ。あのね、普通の人が人のためって言ったら見返りを考える。見返りのないことはエネルギーと一緒だから。俺ら空気を吸って生きているけど、空気は何か見返りを求めているわけではない。

村山　そうそう、植物からもらっているので。

正垣　見返りがないことをやると、自分の表面の心じゃなくて、奥の心がエネルギーと共鳴するからストレスがなくなるんだよ。だからあなたが見返りのないことを一生懸命やっているんだけど、これはあなたにとってすごく正しくものを考えさせる土台をつくっているわけ。

だけど、お客が来ないときにガードレール拭きをすると、心の奥が喜ぶわけ。それでその喜びが信じることにつながっちゃう。嬉しいから。不安でしょうがないんだけど、それをやることによって落ち着いてるわけだよね。あなたのそういう考え方が、今の仕事につながっている。

結果がうまくいかない、周りが苦しんだりする時は、必ず自分が間違ってるんですよ。俺は間違っているんだとわかれば、自分を変えることができるでしょう？　その繰り返しで成功するんです。だからお客が来ないっていうのは、自分の考えがおかしいってことなんです。

村山　本当にそうですね。

正垣　自分の考えをフラットにして、自分の考えがおかしいから来ないんだって。レストランをやってみて、高くてまずいからお客さんが来ないとわかった。だから、どこよりも安く出すことにしたんだよ。だからお客さんが来るわけ。

普通の人は「こんなに安くて美味しいのに」って言うけど、違うんだよ。自分の腕じゃこれ以上美味しくできないから、価格下げたんだよ。

1号店の立地は最悪の場所だと思っていた。でも、おかげで高くて美味しくないものを出してるからお客が来ないんだってわかった。本当は最高の場所だったんだよ。だから1500も店が、簡単にできるんですよ。

一番大事なことは全部身近にある

村山　確かにそう思います。今は「サイゼリヤ1号店教育記念館」になっていますが、何回か行きました。正垣会長の本に書いてあったように、八百屋さんがいまだに玄関を塞いでて、横のほうまで野菜がずらっと並んでるので、面白いなと思いました。

正垣　八百屋が野菜を並べてるから、店の入口がわからない。だからお客なんて入ってこない。だけどこれ、エネルギーがやってることでしょう？　最高のことが起きてるんだよ。

だから八百屋のものでトップ商品つくってやろうと思ったんだよ。それがサラダ。あと、アサリ屋がいるから、アサリでトップ商品をつくってやろうと。これがボンゴレになる。

野菜サラダとボンゴレがどんどん出るものだから、ウチは2階の小さな10何坪の店だから、八百屋とアサリ屋が倉庫になったわけ。夜中になくなったら、鍵開けて入って冷蔵庫を開ける。

もっとすごいことは、ウチの店の下を通る人に、八百屋のあんちゃんとアサリ屋が「ここ美味しいから入ったほうがいい」って客引きしてくれる。だからお客がバンバン来るようになったんです。

要するに、今あなたがいる所が最高の場所で、一番大事なのは、嫌なことが起こっても、それって全部いいことなの。それを活かせばいい。アサリと八百屋の持っている野菜。それを活かしたから自然とイタリア料理になっちゃった。

あと一つ、本八幡の一番街でどういう店を出したらみんなが嫌がらないかって言ったら、イタリア料理だったの。焼肉屋も洋食も和食もラーメンも全部あるわけ。だから誰にも文句言われないイタリア料理にしたの。

村山　なるほど。

正垣　だから自分で考えることなんてないんだよ。一番大事なことは、全部身近にあるの。これをやればいい。

村山　僕もイタリア料理をやり始めたきっかけが、その前はずっと料亭の茶会席だったんですけど、すごいよそ行きの料理だったんです。でもピザを食べたときに、友達同士で食べながら、どんちゃん騒ぎできた。親しみやすさとか、みんなで一つのものをつっつき合いながら食べるっていう。あれにすごい感動した覚えがあって、それでイタリアに行ってみたんです。

正垣　そういうのも、原因があるわけ。それはあなたの考え方なの。何が大事かって言ったら、考え方を教えること。教えるだけじゃ理屈だから、それで楽しむことを覚えさせればいい。そうしたら必ず幸せになる。

エネルギーに逆らわなければ幸せになるから。不幸になるっていうのは全部自分で不幸になっている。その人を助けるためにビジネスをやっているわけだから。

村山　今回のサイゼリヤで教わった土台があったからこそ、結構時間ができて、空いた時間でスタッフたちと一緒に、うちのラビオリというスペシャリテのパスタを冷凍にして全国発送したり、テイクアウトをやったりしたらものすごく売れて、お客さんからすごい感謝されるんですよ。

スタッフも楽しくなっちゃって、本当にコロナ期間中ずっと僕ら、4人で本当にゲラゲラしながら料理をつくってました。萎縮した雰囲気は全くなくて、逆に忙しすぎて。今お話を聞いて、そういうことなんだと思いました。

生産性は生存対策

正垣　ビジネスっていうのは、自分の得意なことで世の中の困っている人を助けようとするよね？そのときにね、ビジネスをずっと保っていくには生産性なの。生産性っていうのは、生存対策なの。

そのために何をするかって言ったらムダをなくすこと。エネルギーってムダがないから、ムダをなくせばいい。9人でもやってても、4人やってみようか、この料理をつくると4人でできないからやめちゃえ、ってこうやってやるわけだな。

村山　まさにそうです。

正垣　それが生産性として表れるわけだろ。その次にね、成長するにはどうしたらいいかって言ったら投資なんですよ。今の店と同じ店を要所要所につくればいいんです。1000店舗をつくる必要はないですよ。そうやって標準化すると、悪い所が見えてくるわけ。

その次に、コロナとかで大不況が来るよね。何やるかっていったら、ゼロベースって言うんだけど、経費を全部ゼロから見直す。どれが必要か、必要じゃないかって。つまり減量なの。

次、それができて競争になったときに、競争に勝ち残るには商品が美味しくなければダメ。そこで一番大事なのは、生産性を確保すること。コックさんをタダで働かせるような昔の方法だと生存できないです。

村山　まさにそうなんです。

正垣　商品は安くて美味しくなきゃダメ。自分の所で原料からお客さんの口に入るまで、一番ムダをなくす方法取らなきゃいけない。

あなたの店は、今の規模だと1軒ずつ出したとしても、たぶん100軒ぐらいはできるよ。同じ形で同じことをやればいい。ただし、あなたと同じ考えに100％近い人を教えていく。それが大事なのよね。

村山　本当にそう思います。

正垣　俺はね、一番うまいのは空気だと思ってる。口の中に一番入るから。食っても食っても飽きないでしょ？　繰り返し繰り返し食ってもお腹がいっぱいにならないのは空気だから、これが理想なの。空気の味に近づけるには、素材の一番いい味を出せばいい。それを出せることが、エネルギーに沿っているわけ。それぶっ壊さないで出すっていうところに、すごさがあるわけだよね。

村山　まさにそうですね。

頭がクリアな人は偏差値が低い

正垣　あなたは人のためにやろうと思っているから、その考え方を料理を通してみんなに知らせていってほしい。自分で成功して、こうやったら上手くいったんだっていうのをみんなに教えられるのはすごく大事だよね。

こうすれば個人企業の人たちは成功できるっていう秘訣を、どんどんどんどん広めていけばいいんじゃないの。それはサイゼリヤの話じゃなくて、人のために何か自分ができることないかっていう、その考え方だよな。成功するよね。サイゼリヤの社長やればいいんじゃない？（笑）

村山　もう話がいきなりぶっ飛んじゃいましたね（笑）。

正垣　だからふさわしい人が社長になればいいだけで、それは誰がなってもいいわけ。皆に幸せになってもらうためにやるんだから。

村山　僕も社長っていう職業って、そういうものだと思っていました。

正垣　あなたみたいな考えだといろんな人が集まってくるから。自分にはできないことわかっている人もいっぱいいますよ。

人間って、我欲でやっているから。苦しみっていうのは、我欲です。正しいというのは、我欲がないことだから。だから一生懸命、我欲をなくせば簡単に幸せになるのに。それを治すためにビジネスがある。それがわかればいいんだよな。

放っておいても、こうしてくれって自然と目の前に落っこちてくる。それを取りに行かなくても、そうなっちゃう。そういうもんなんだよ人生って。うまくできてるんだよね、エネルギーでできてるから。俺は努力大嫌いだからな。

村山　わかります。ただ単に楽しいこと毎週やっていたら、こんなんなっちゃいましたけど。

正垣　あなたの考えが最高で、それで幸せになったことを人に教える、伝えることができたら、これ以上することはないんですよ。

だからチンケなことを考えないで、みんなを幸せにしてあげようと思って、その考え方をしているわけ。そのエキスが、「人のために、正しく」というやつなんだけど。それを教えることによって、いつかその人がふと思い出してくれる。それが大事なの。そのためにビジネスをやってる。

村山　ありがとうございます。嬉しいです。

正垣　あなたみたいにその喜びを人のためにやるとか、見返りのない喜びを知っている人が一番強いんです。頭のいい人はみんなずる賢いからね。

頭がクリアになってる人は偏差値が低いの。ストレートに物事が進んでいくから、わかるんです。これは大事だよ。ずる賢くないから。これは成功とかじゃなくて、幸せになれるよね。

村山　毎日そんな感じですよね。

正垣　だから自分でその通り行動しているんだよね。俺なんか口で言うけどそうでもないんだよ。面倒くさがりやだからやらないだけなんだけど。

最初から1000店舗やろうと言った

正垣　あなたの一番いいところは、物事を大きく考えること。人間っていうのは目先のことを考えるだろ？　だから自分の我欲が出るの。自分中心になっちゃうわけ。

だけどエネルギーは自分中心じゃないだろ？　私利私欲にならないから、大きいことを考える。

村山　僕は、2店舗目は月にレストランつくると言っています。

正垣　みんな、頭おかしいんじゃないかとか言うだろ?

村山　言われます。

正垣　俺がね、本八幡駅北口の1店舗目のときに、1000店舗やるって言ったから、誰も信用しない。でも、3店舗やろうとか考えないで、1000店舗やろうって考えた。

村山　まさにそうですね。

正垣　大きく物事を考えることが正しいって知ってたの。それしか方法がない。

村山　根拠なく言ってるんですけれども、実際にJAXAから声がかかって、JAXAの本部で日本初の大規模な食事会をプロデュースさせてもらって。宇宙飛行士の人たちも全員来ていて。今度はISSの国際宇宙ステーションでレストランやろうよって言ってくれて。

正垣　それはあなたの考え方で、どうするかだよな。あなたの考え方でそうなるわけだからな。

村山　だから日本へのテイクアウトはウルトラマンにしてもらおうかなと思っているので(笑)。

正垣　楽しいんだよね。そのことをやって、一番は困ってる人を助けること。熱エネルギーは熱いほうから冷たいほうにしか行かないから、方向が決まってるの。水だって高いほうから低いほうに行くだろう? エネルギーというのは、手をつないでいるときに、困ってる人を助けるためにある。
　月でも何でもいいんだけど、目の前に困っている人がいたらその人を助ける。その人を幸せにできる。それが自分たちのエネルギーの資源なの。

村山　本当にそうです。

正垣　世の中がどんどん変化していって、より良く変化していくためにどうやって人のためになれるかっていうのも大きく考えられるといいわけ。

俺はもう世界一安くて美味しい本当の料理を出して、お客さんに本当のものを出したい。それも安く出したいっていうのが狙い。

迷ったらまた来たらいいよ。来たらあなたの考えてることはこういうことだって教えてあげる。

村山　ありがとうございます。

正垣　ちゃんと原因と結果があるの。物事は全て変化するけど、真理だけは変化しない。簡単だよ。ここまで来たんだから。

村山　はい。信じてやっちゃいます!

左から正垣会長、僕（村山太一）、堀埜社長

付録★2

村山太一のベスト本リスト

僕が何十回何百回と読んできた本を12冊、厳選して紹介します。人生が変わるレベルですごい本ばかりなので、気になるものがあればぜひ読んでみてください！

『俺の考え』本田宗一郎（新潮文庫）

絵に書いたリンゴはなぜ高いのか？

普通のリンゴは1個200円くらいですが、絵に書いたリンゴは芸術になってくるので1〜2億円ってなってくるんですよね。

なぜ本物のりんごよりも値段が高くなるのかというと、書いた人の個性が入るからなんです。

個性というのは、他の人には持っていない価値を生み出しているものです。これに対して価値を見出した人が値段をつけます。

個性で価値を出すには、技術という手段を身に付けなければなりません。技術を得るために一番大切なことは、人間の思想だと本田宗一郎は言っています。

お金とか技術は人に対するご奉仕の手段にしか過ぎないんです。料理もそうだと思います。

あとは、一番大切なことなんですけれど、自分のために働けということです。

頑張って企業をつぶしたらダメだとか、利益を上げるのはもちろんですが、仕事というのはまず自分のために働くこと。自分の人生を豊かにするために、自分の生活をエンジョイするために。

そのためには仕事という時間と、仕事そのものを楽しむっていうことですね。

買ったのは、ちょっと忘れたんですけど中学校〜高校のときです。カバーもボロボロなんですけども、やっと今、本田宗一郎の考え方に時代や技術やYouTubeが追いついてきたかなって思っています。

僕がずっとずっと読み続けている本です。

『天馬の歌 松下幸之助』神坂次郎（新潮文庫）

僕がすごいワクワクして読んだ部分があるんです。松下幸之助が独立して21歳で独立したときに、改良ソケットの商品をまず自分でつくって売り始めたんです。四畳半一間と土間しかない家の小さな小さな土間で、奥さんのむめのさん、奥さんの弟の井植歳男さんの3人でです。

松下幸之助が21歳のときに改良ソケットで松下電器を創業して、そのとき井植歳男さんは18歳くらいだったんですけど、全く売れずに、2人いた従業員も辞めてしまって、お金も尽きて万策尽きてしまったんです。

そんなとき、仲卸しの人が改良ソケットのプラスチック部分を見て、「これを使って扇風機の土台をつくってみないか?」という提案をされたんです。

今まで陶器でつくっていた扇風機を、今度はプラスチックにしてみようという狙いです。当時は陶器の扇風機がプラスチックになりつつある移行期間でした。まずは2000個つくってほしいということで、松下幸之助は飛びついたんです。

例えば僕がいる飲食業の料理人たちは、お客様を喜ばせることよりも、自分の理想の料理を出すことが最大の目的になってしまっています。お客様がどういうものを望んでいるのか、どうやったらもっと喜んでもらえるのか、考えるのが二の次になってしまっている人が多いんです。

これを読んだのが高校生くらいなんですけど、やっぱり自分が追い求めている理想と違っても、人が求めるニーズに応えようとする21歳の松下幸之助にガーンと心打たれて、これはすごいなと感動して。

もう貧乏でニッチもサッチも行かなくても、自分たちが世の中のために役に立つんだったら、最初に思っていたこととは違っても、そっちのほうのことに一生懸命に心血注いで集中して、自分たちの技術を世の中のために役立てよう！　ということが書いてあります。

物事はなかなか予想通りに、最初の方針通りにはいきませんが、地道に辛抱して一生懸命やっていたら、世の中の情勢が変わって目標に通じる道ができたりします。実際に今の世の中でも、いきなりブレイクしたりバズったりすることがあったりしますよね。

最初の計画とは大きく違っていても、成功の道のりで得られるものは一緒なんです。

何かしらの技術や努力、思想に対して誰かが「これ役に立つんじゃないか？」って思ってくれたりもするんです。

その場面に松下幸之助はスパっと素直に飛び込んでいく。本当にこれだって思ったら、今歩んでいた道からそれてもスパっと離れて取り込んでいくっていう、このスピードの素晴らしさですね。

会社がある程度大きくなってから台風に遭って、工場が全部倒壊したんです。けが人も出なかったんですけど、松下幸之助は自分のいる大阪で最も大きい被害を被っていながら、他の会社の人たちに見舞金をボンボン渡していくってんです。

素晴らしいですよね。

ここで松下幸之助が言っているのは、明日があるという考えは甘いということ。

人間は過去で評価される。毎日立派な過去を築くように精一杯今を生きる、これがリーダーの生き方だと言っているんです。

もちろん明日も大事ですが、昨日のほうがもっと大事だと言っているわけなんですね。

明日があるんだって思っていながら、今日何もしないで生きるっていう考え方は全くないわけなんです。これはすごいなと思っています。

『イーロン・マスク 未来を創る男』(講談社)

アシュリー・バンス著、斎藤栄一郎訳

先ほどの2冊は高校生のときに読んだ本なんですけども、松下幸之助と本田宗一郎、二人とも高校大学っていう高等教育を受けていないんです。

すぐに丁稚奉公で、小学校卒で社会に出て働き始めて、世界を代表する経営者になったんです。

僕自身もやっぱり頭がよいわけじゃないので、2人の本をずっと読んで、励みにしながらなんとか一料理人として頑張ってます。

僕自身が宇宙に行きたいって言ってるのは、このイーロン・マスクの本から影響を受けています。

「大ボラ吹きか救世主か!?」なんて言われてますね。

イーロン・マスクが経営するスペースXの本社に大きな壁があるんです。そこには左右にポスターがあって、左のポスターには火星の冷たい不毛の地の火星の写真が、右のほうには海に囲まれた広大な緑の大地の写真が貼ってあるんです。

これは、火星を緑と海に囲まれた大地の惑星に変えるんだっていうイーロン・マスクの決意の表れです。

僕自身も小さいころから宇宙好きだったので、「俺も宇宙に行くんだ!」と昔は思っていたんです。でも、宇宙飛行士は高学歴でないと受験すらできませんし、いろんな課題をクリアして何万人に一人しか選ばれない難関だということがわかりました。

それであきらめていたんですが、イーロン・マスクの本を読んで、これは面白いぞって思ったんです。最近の技術の進歩だと、僕が考えていることも実現できる気がしてきて、僕も参加しようって思い始めたんです。それで、月にレストランをつくり、火星に行こうって決めました。

イーロン・マスクは世の中に対してどんな仕事をしているかっていうと、人々のライフスタイルの中にブランドを入れて、その価値を高めているんです。イーロン・マスクの経営するテスラモータースやスペースXが提供しているのは、車とか宇宙船というモノだけではなくて、イメージもなんですよ。

最先端の技術とテクノロジーを使って、実際にイーロン・マスクが思い描いている未来へ足を踏み入れている感覚を売っているんです。それをブランド化して、価値を高めている。それを一緒に体験できるのが、テスラモータースの車でありスペースXの飛行船なんですね。

宇宙船が飛んでいくのを見て、「これすげえ！」って思って、そのワクワク感がブランドになって、時代を、未来をつくっているというイメージを売っているのが、イーロン・マスクの手法です。これはすごいなと思って、めちゃくちゃ読みました。

『スティーブ・ジョブズⅠ・Ⅱ』（講談社）
ウォルター・アイザックソン著、井口耕二訳

スティーブ・ジョブズの伝記です。これの何が一番好きかといったら、現実歪曲フィールド。スティーブ・ジョブズの代名詞なんですけども、自分のルールでプレイするっていうことなんです。

現実歪曲フィールドというのは、それは絶対無理だよって不可能だよって皆が言っていることを、「これはできるんだ、これは絶対こうなるんだ！」と実現させてしまう。

今の技術、テクノロジーを組み合わせたり、モチベーションを高めたりすごいデザインを考えたりして創造性を膨らませてあげる。

そうしたら、できちゃった。そういう考え方と、それを導いていくリーダーシップのことなんですよ。

実際それでできたのがｉＰｏｄであり、ｉＰｈｏｎｅでありｉＰａｄなんです。相手が不可能だって言っているものに対して、スティーブ・ジョブズの話術で、人の気持ちを高揚させて、絶対に納得させていく。

現実歪曲フィールドって、警告であるとともに惨事でもあったと書いてあるんです。結構危険なんですよね。人の決めているルーティンとか仕事のやり方を全部否定してしまう側面があるわけなんです。

それでもスティーブ・ジョブズの力が、現実歪曲フィールドから逃れられないぐらい、ものすごい強かったんです。

僕も感銘を受けて、「月にレストランをつくる」って言っていたら依頼が来て、JAXAの本部で日本史上初めて、大規模な食事会を開いた人間になれたわけなんです。

大ボラを吹いていたら、実際にそういった話が舞い込んできたわけなので、これはいけるぞと。なので、僕の大ボラ吹きとしての師匠がスティーブ・ジョブズです。

『バフェット・バイブル 本物だけを見抜き富を築く最強投資家の言葉』

ロバート・L・ブロック 著、夏井幸子 訳 (徳間書店)

今僕が会社を経営している上でものすごく大事にしているのは、お金の流れです。

本物だけを見抜き富を築く最強投資家、ウォーレン・バフェット。彼が絶対に最初に言っていることがあるんです。

ルールその1、絶対に損をしないこと。

これです本当に。絶対に損をしないために商売上どうすればいいかっていったら、仕入れと経費でかかった分よりも高く売って、必ず黒字することなんです。

ルールその2、ルールその1を忘れないこと。黒字にすることを忘れないこと、赤字にしないことを忘れないことなんです。

これ当たり前じゃない？　って思うかもしれませんが、それができないから赤字になって倒産させてしまうわけなんです。

たったこれだけ。

ルールその1、絶対に損をしないこと。ルールその2、ルールその1を忘れないこと。これを実現させるために行動し続けることがものすごく大変なことだとわかっているからこそ、これを最初に持ってきているんだと思います。

これは本質だからこそ、特に経営者にとっては一番グサっとくるんです。これって松下幸之助の言うダム経営（内部留保を貯めていく損をしない経営）と本質は全く一緒だと思っています。

大事なのは、バカでも経営できる、人の心に根付いた企業に投資すべきだということです。いつバカが経営することになるかわかりませんから。

僕は経営者なんですけど、偏差値37なのでバカが経営していることになります。

ウォーレン・バフェットから言うと、バカが経営しているいわゆるレッドオーシャン（競争の激しい業界）の中のビジネスモデルになるわけなんです。だからウォーレン・バフェットは飲食業界には全く投資をしないって決めています。

僕自身みたいなバカがウォーレン・バフェットの投資対象にならないほど将来性のない業界で経営をしているわけなので、これって実はかなり危険なことなんです。

それでも僕自身は夢とか思いを見失わずにやっていけているのは、やっぱりウォーレン・バフェットから学んだおかげという側面もあります。

僕の好きな言葉を紹介します。

「ありったけの模造ダイヤモンドを持っているよりも、世界最大のホープダイヤモンドを一粒だけ持っている方が断然いい」

これって人間のこと、自分自身のことだと理解しています。自分が本物のダイヤモンドで世界に一粒だけのダイヤモンドだと思って、自分に投資していく。それだけの自信は必要だし、そのための努力はしていくべきだと思います。

経営者としてガツンときた言葉があるんです。

「陸の上を歩くことがどんな感じか魚に説明できるだろうか、陸の上の1日を口で説明したら1000年はかかるだろう」

企業経営の1日にもそれと同じぐらいの価値があるということです。僕自身バカなのに経営しているわけなんですけど、その一つ一つの決断には重みがある。決断が間違っていたら倒産していたし、お客さんからそっぽを向かれても倒産していた。経営者にとっての経営の重みを魚にたとえて説明しています。

「大事なのは自分が穴の中にいると気づいたら、穴を掘るのをやめることだ」

これ今のコロナにすごく似ていると思うんです。飲食業からお客さんが一気にいなくなっちゃって、これは穴の中にドボっと落ちている状態なんです。穴掘るのをやめて、穴を埋めて他のところで自分の体力を使って行動に移すほうが早いんです。僕はそう解釈しています。これ、すごくわかりやすいです。

『マンガーの投資術 バークシャー・ハザウェイ副会長チャーリー・マンガーの珠玉の言葉 富の追求、ビジネス、処世について』

デビッド・クラーク 著、林康史 監訳、石川由美子 翻訳、山崎元 解説 （日経BP社）

ウォーレン・バフェットの右腕で、彼が経営する世界最大の投資会社バークシャー・ハザウェイ社の副社長、チャリー・マンガーの本です。

ウォーレン・バフェットは本をいっぱい出しているんですけど、チャリー・マンガーはあんまり出していません。その中でも、ウォーレン・バフェットの研究家でもあるデビット・クラークさんという方が書いたのがこの本です。

この二人を理解するのって、めちゃくちゃ大事だと思っています。

チャリー・マンガーはウォーレン・バフェットの相談相手でもあり、彼が考えることに対してほとんどNOと言ってしまう人なんです。

その中でチャリー・マンガーが言っているのは、手数料に関してです。あらゆる場面で手数料を取られ、ぼったくられる可能性がある。

なぜなら、手数料は意識のレベルと無意識のレベルの両方において動機になるんです。

人間が意識していることのズレがあって、そこのズレを解消するための情報や行動を欲しがります。そのズレを解消できる人たちが手数料を取っていくっていう、今で言ったらサブスクリプション方式もその一つと言えるわけなんです。

レストランでいえばポスレジや予約代行システムのサブスク方式などいろいろあるわけですが、本当に必要なものと、そうでないものを見極めなければならないんです。

手数料商売にぼったくられるのか、それとも自分たちでその業界のプラットフォーマーとなって、世の中に対しよいサービスを提供して成り立つ企業になるのか。その違いがすごく端的に書いてあります。いつもお金持ちになるのは彼らのほうだと書いてある、僕も彼らのほうになりたいなと思っています。これすごくいいです。

『サイゼリヤ革命 世界中どこにもない〝本物〟のレストランチェーン誕生秘話』（柴田書店）
山口芳生

サイゼリヤの正垣会長のことがすごく詳しく書いてある本です。理系の大学を卒業して、料理にも没頭して大学2年生から43歳までずっとキッチンに立って最前線で活躍されていました。

一番重要なのは、理系の科学的な考え方なんです。サイゼリヤ最初はオープンして店が全焼してしまって、正垣会長は10代で大きな借金を抱えました。それでもまた何度もやり直して、今でこそ1600億円の企業になっています。

畑、自社の畑、レタスとか野菜とか、サイゼリヤで食べられるサラダですね。このサラダの畑を自社で開墾してるんです。大きな石をブルドーザーやパワーショベルで取り除いて、正方形の畑をつくって。

農家の常識だったらそこに一本道を通すんですけど、正垣会長は何本か道を通して、農業用機械が行ったり来たりするだけで最大限に効率よく栽培も収穫もできてしまう畑の設計から始めているんです。今でこそ、ハウスで無農薬・無菌状態にして、水耕栽培でパプリカとかつくっている企業が出てきていますけど、そういう最新モデルの先駆けになっています。

サイゼリヤは自社農場を国内外にたくさん持っていて、その辺もけっこう詳しく書かれています。サイゼリヤがなぜ安くて美味しいのかを知ろうと思ったら、この本はすごくオススメです。

『サイゼリヤ おいしいから売れるのではない 売れているのがおいしい料理だ』

正垣泰彦（日経ビジネス人文庫）

これは正垣会長ご自身の著書です。僕ら高級レストランの考え方の人間とは全く正反対。お客さんがいっぱい来てくれるからこそ、美味しい料理だと断言できると言っています。

高級レストランの人間の場合は、俺らが美味しいと思ったからお客さんにもそれを押し付けてしまう。そういう世界だからこそ、このコロナによる飲食店離れで、なかなかお客さんが来ない。

サイゼリヤはそういうことはなく、今でもお客さんが入り続けているのは、美味しいイコール客数と考えるようにしているからなんです。

客数が増えているのなら、その店の料理は美味しい。逆に客数が減っているならそのお店の料理は美味しくないのだから、なんらかの対策を講じるべきだって。すごいシンプルですね。

たとえ星付きレストランでも、今は「客数が減っているなら美味しくないんだ」と捉えたほうが早いです。

『祇園の教訓──昇る人、昇りきらずに終わる人』岩崎峰子（幻冬舎）

僕がイタリアにいたとき、親から送ってもらって段ボール箱の中に入っていた新聞の切れ端の広告欄に載っていた本なんです。これ欲しいと思って、次に日本に一時帰国したらは絶対買おうと決めて。その切れ端をずっと財布に入れていて、一時帰国したときに買いました。

これ、僕の中で、一番のサービスのバイブルだって思ってるんです。

怖いですね、この題名。舞妓さん、芸妓さんとか格式が高く見られているところを、自分で進んでダジャレとかジョークを言って。自分から自分を蔑んだり笑い物にしてお客さんの心をほぐしていって。芸それでずっと祇園でナンバーワンの売上を誇っていた岩崎さんの本。

15分で初対面の人の気持ちをほぐす。とっくりの角度で次のお燗のタイミングを決めるとか、世界最高レベルの気配りの人です。いろんな人の心のつっかえをとれる人って、素晴らしいなと思います。

『だからこそ、自分にフェアでなければならない。プロ登山家・竹内洋岳のルール』小林紀晴（幻冬舎文庫）

竹内洋岳さんは日本人で唯一の14サミッターですね。世界中にある14山の8000m峰全ての頂上に登って降りて帰ってきて。

8000m超えた所は、あらゆる生き物が生きられない世界、デスゾーンと言われています。

最近、韓国人の世界でナンバーワンだって言われていた登山家の方が、本当に何もない平坦なところでブリザードか何かに襲われて。40人弱でキャンプを張っていたんですが、全員が亡くなったという悲しい事件がありました。

その韓国人ナンバーワン登山家は、世界で最短で14山を登りきった人なんですけど、そういう人でも山の世界はいつ何があって命を落とすかわからない。

実際に命を落としているわけなので、本当にデスゾーンは怖いところなんです。最初の挑戦で亡くなってしまう人もいれば、14度も生き残って帰ってくる人もいる。

普通の人からすると、すごく死と隣り合わせのスポーツなんです。あとは自分で決断して自分で記録するスポーツなので、登山はものすごい過酷ですよね。

その中で竹内さんは「運というのは存在しない というのが私の山登りです」と言っています。

山では人のせいとか天気のせいとか運のせいにはしない。なぜなら、運で片付けてしまうと、その先考えようがなくなっちゃうんです。

登山っていうのは、「ここからもう一歩足を踏み入れたら、こう落っこちて、上向きになってあそこにぶつかって、最後はこうなって死ぬ」ってところまで想像して、そうならないためにはどうするか想像し続けないといけないスポーツです。これ、すごい心にグサっとくる言葉です。

あとこの本で一番重要だと思ったのは、いじめについて語っているところです。今の若い子たち、小学生・中学生のお子さんを抱えた親御さんにぜひ読んでほしい。

彼は、いじめは雪崩と一緒だと言っているんです。いじめが雪崩だって言うんだったら、雪崩に向かって絶対に立ち向かってはいけない。いじめも雪崩だと思って逃げるのが一番いいということなんです。

経験があることによって想像力が阻害され、決めつけが固定概念を生んでしまう。この側面と、経験があることによって、想像力がもっと豊かになるっていう側面。

この2つと、自分の命とずっと対峙し続けている登山家について書かれた本なので、めちゃくちゃ面白いし、ビジネスにも役に立つと思います。

『1分間ジェフ・ベゾス Amazon.comを創った男の77の原則』
西村克己（SBクリエイティブ）

Amazon成功の秘密ががわかる、創業者のジェフ・ベゾスについて書かれた本です。

どうやったらうまくやれるか？　その答えは顧客が教えてくれる。今この世の中オンラインで全てつながっているので、満足や不満足はお客様がすぐに教えてくれる。

対応一つで炎上するかどうか、評価を上げるかが決まると書いてあります。Amazonがジョージ・オーウェルの小説『1984年』のデータを、著作権的な理由で購入者のKindleから突然消したことがありました。正当な理由だったんですけど、購入者としては所有権を踏みにじられたとすごく炎上したんです。

それに対してジェフ・ベゾスはすぐに、解決方法が間違っていましたと謝罪文を出しました。そして、購入者に対して著作権をクリアした『1984年』をもう1回受け取るか、30ドルの小切手を受け取るか、2つの解決方法で選ぶよう求めたんです。すぐに行動を起こしたので、すぐに騒ぎは収束しました。

お客さんがいなければ成功も失敗もない。何もしなければ成功も失敗もないわけです。僕らみたいな経営者からすると、行動を起こしたら批判されることっていっぱいあります。行動を起こさない人間が記事だけ書いて批判することはすごく簡単ですけど、行動を起こしてサービスをつくった人間は批判にさらされやすい。

顧客というものを、批判も称賛も含めて受け止めていく。どうやったらいいのかも、全部顧客が教えてくれる。ジェフ・ベゾスはそう言っています。

ジェフ・ベゾスがアマゾンを立ち上げたばっかりのころ、別の巨大な資本がネットビジネスの可能性に気づいて参入してきたんです。

それに対してジェフ・ベゾスは、「最後は顧客と著者と出版社にとってよい選択をする者だけが勝ち残る。投げる石が一つあればゴリアテも倒せるのだ」と言いました。

ゴリアテは旧約聖書に出てくる巨人ですが、少年ダビデの投げた石を額に受けて倒されたゴリアテはAmazonにとって顧客サービスの競争相手である巨大資本でもあるわけなんです。

Amazonにとって石っていうのはもちろん顧客サービスで、顧客サービスがいいほうが、どんなに巨大資本だろうが個人だろうが勝つっていうことなんです。

そのためにジェフ・ベゾスが取った戦略というのが「ピザ2枚チーム」です。ピザ2枚でお腹がいっぱいになるくらいの人数でチームを組み、戦うってことです。

僕がこれにけっこう影響されて、ラッセも12人で営業したこともありましたが、今は4人でやっています。5人でも多いかなっていう風に思っていて、4人だとちょうどいいんです。いわゆるそれが上意下達の没個性を防ぎ、個人の能力が十分に発揮される人数だと考えているんです。

これ、すごいなと思っています。このままそっくり僕がマネています。そのままそっくりマネるためにも、サイゼリヤから学んだ組織の運営方法もマネているんです。


『成功はゴミ箱の中に レイ・クロック自伝 世界一、億万長者を生んだ男 マクドナルド創業者』

レイ・クロック、ロバート・アンダーソン 著、野地秩嘉 監修・構成、野崎稚恵 訳

これ、結構有名な本ですね。マクドナルドを立ち上げたレイ・クロックです。

マクドナルド兄弟からマクドナルドを奪った人間としても有名なんですけれども、この人の努力は半端じゃないです。

この本を一言で言うと「競争相手の全てを知りたければ、ゴミ箱の中を調べればいい」。つまり知りたいものは、全部ゴミ箱に転がっているってことなんです。

「私が深夜2時に競争相手のゴミ箱を漁って、前日に肉を何箱、パンをどれぐらい消費したのか調べたことは一度や二度だけではない」と書いてあります。

競争相手よりもより良い商品やサービスをしていくには、競争相手を調べてそれより上に行けばいいってことなんです。めっちゃシンプルなんです。

レイ・クロックは、顧客サービス、ハンバーガー1個、全ての方面からに世界中に打ち勝つ努力をしています。

ちなみに僕もこの業界に入って、ナンバーワンと言われている某飲食店に食べに行った後、ずっとその料亭の周りでうろうろして、スタッフたちが帰る夜中12時過ぎまで物陰からずっと見張っていて。夜中1時頃、誰もいなくなったときにゴミ箱を漁って、どんな食材を使って、どんな風に食材に手を入れているのか、残り物を見ていたことがありました。時効だと思うので言いますが、僕も何度かゴミ箱を漁ったことがあります。

これを読んで、成功者も同じことをしているんだなって安心したという大バカ者です。

なぜ星付きシェフの僕が
サイゼリヤでバイトするのか？
偏差値37のバカが見つけた必勝法

2020年 8 月29日　第1刷発行
2020年12月15日　第7刷発行

著　者　村山太一

発行者　大山邦興
発行所　株式会社　飛鳥新社
〒101-0003 東京都千代田区一ツ橋2-4-3
光文恒産ビル
電話（営業）03-3263-7770（編集）03-3263-7773
http://www.asukashinsha.co.jp

装　丁　井上新八
本文デザイン　菊池崇（ドットスタジオ）
編集協力　大畠利恵
協　力　本間勇輝

印刷・製本　中央精版印刷株式会社

ISBN978-4-86410-765-5

編集担当　小林徹也